Demjansk

DerKessel im Eis

14 Monate Abwehrkampf im Nordabschnitt der Ostfront

Franz Kurowski

Franz Kurowski

Demjansk

Der Kessel
im Eis

14 Monate Abwehrkampf im
Nordabschnitt der Ostfront

PODZUN-PALLAS

INHALT

SOWJETISCHE PLANUNGEN

Vorausübersicht – Es ging um die Heeresgruppe Mitte

Die Geschichte der Heeresgruppe Mitte im Rußland-Feldzug ist reich an dramatischen Kämpfen und Angriffen, an Rückzügen und Überraschungsschlägen.

Eines jener Ereignisse aber, der Versuch der Roten Armee, im Winter 1941 – 1942 die weit vorgestoßenen und vor Moskau liegenden Panzerverbände, sowie das gesamte Gros der Heerresgruppe Mitte in einer Durchbruchs-Offensive hinter dem Rücken derselben von ihren Versorgungssträngen abzuschneiden und sie zu vernichten, hatte ganz ungeahnte Wirkungen auf die Heeresgruppe Nord. Er zwang diese dazu, sich in Einzelkämpfen sowie in festen Plätzen und Festungen diesem Vernichtungsschlag der Roten Armee entgegenzustemmen und damit nicht nur die Vernichtung der stärksten Heeresgruppe an der Ostfront zu vermeiden, sondern den Feind daran zu hindern, den Ostfeldzug frühzeitig und zu seinen Gunsten zu entscheiden. Als die 3., 4. und 22. sowjetische Stoßarmee im Januar 1942 aus dem Raum der Heeresgruppe Nord nach Süden antraten und nacheinander Cholm, Toropez, Demidow, Witebsk und Welikje Luki angriffen, bahnte sich eine fürchterliche Niederlage der deutschen Ostarmeen an. 160 Kilometer hinter der Front der Heeresgruppe Mitte rollte eine Flut sowjetischer Panzer und motorisierter Verbände die nur stützpunktartig ausgebauten vordersten Stellungen der HGr. Nord auf. Wenn dieses Wagnis gelang – und die sowjetische Führung war sehr zuversichtlich – dann war der Ostfeldzug verloren.

Toropez fiel nach erbitterter Gegenwehr am 21. Januar, Demidow wurde ebenfalls von der Roten Armee erobert. Aber Welish und Welikije Luki und einige andere verstreute Verteidigungsinseln hielten dem übermächtigen Angriff der Roten Armee stand. Sie waren die Wellenbrecher, die auch schützend hinter Demjansk hielten und diesen am weitesten vorgeschobenen Raum deckten. Welikije Luki aber war von der sowjetischen Führung zum Schlüsselpunkt erklärt worden. Hier sollte sich der Untergang der Heeresgruppe Mitte mit ihren beiden Panzergruppen und der 9. und 4. Armee vollziehen, nachdem die Rote Armee ihnen die Lebensadern durchschnitten hatte.

Die sowjetische Winteroffensive

Am Morgen des 5. Dezember, vor Moskau war der Angriff der Heeres-gruppe Mitte endgültig zum Stehen gekommen, trat die Rote Armee zu ihrer Winteroffensive an. Ihre Truppen waren in Stärke von 30 Schützen-Divisionen, 3 Kavallerie-Divisionen und 33 Schützen- und 6 Panzerbrigaden einsatzbereit.

Nach einem gewaltigen Artillerie-Feuerschlag und dem Einsatz starker Luftwaffenkräfte traten die 22. und 39. Sowjet-Armee an. Ihre Stoßrichtungen waren zum einen der Raum um Belyj, zum anderen der Raum Smolensk. Die 29. Sowjetarmee hatte Rshew zum Ziel erhalten. Zwei weitere Armeen zielten auf Moshaisk, und drei rollten in Richtung Wjasma und Juchnow vor. Im Kriegstagebuch der 3. Panzerarmee war über diese gewaltige Offensive zu lesen:

"Das Bild auf den Rückzugstraßen ist nicht schöner geworden. Die Disziplin beginnt sich zu lockern, es mehren sich die zu Fuß zurückweichenden Soldaten, die nach Westen ziehen, ohne Verpflegung, frierend und kopflos geht es zurück. Glatteis, Steigungen, lange Brückenrampen verlangsamen das Marschtempo ungeheuer.

Die schwerste Stunde für die Panzergruppe 3 (später 3. Panzerarmee) ist angebrochen.

Neben den Hauptangriffen des deutschen Unternehmens „Taifun" – Eroberung der sowjetischen Hauptstadt – waren im Bereich der Räume um Cholm, Newel, Welish, Welikije Luki, Nowosokolniki und Toropez einige wenige deutsche Truppen ohne schwere Waffen und Panzer zurückgeblieben. Sie waren zunächst überhaupt nicht angegriffen worden und konnten bis in den Raum Demjansk und noch darüber hinaus bis an die Flanken der Waldai-Höhen vorgehen und sich dort in den Dörfern einrichten.

Dies alles, obgleich das gesamte Gebiet bis hin zur 150 bis 200

Kilometer weiter vorn verlaufenden Front der HGr. Mitte noch immer feindüberlaufen war."

Dieser Frontabschnitt war es, den die Rote Armee als schwächsten erkannt und zum Ziel erkoren hatte, um aus dem Raum der HGr. Nord – wo sich die deutschen Kräfte ebenfalls vor Leningrad und am Wolchow festgebissen hatten – nach Süden vorstoßend den großen Coup der Obersten Führung – des STAWKA-Büros unter General Stalin – zu landen.

Falls er gelang, würde die Rote Armee die gesamte Heeresgruppe Mitte frontal und ebenso aus dem Rücken angreifen können.

Nachdem die vordersten Truppen der Heeresgruppe Mitte in den ersten beiden Wochen des sowjetischen Großangriffs weit zurückgegangen waren, sah die Rote Armee die Zeit zur Ausführung ihres großen Planes gekommen.

Das STAWKA hatte seine Absichten dergestalt vorbereitet, daß starke sowjetische Kräfte rechts und links des Ilmensees antreten, um die 18. Armee von ihrem Ziel Leningrad abzulenken und sie dann einzukesseln.

Dieser Angriff gliederte sich in zwei Abschnitte:

Erstens: Durchbruch der Angriffskräfte hart südlich des Ilmensees auf Staraja Russa. Nach Eroberung dieses Knotenpunktes Abdrehen aller Kräfte nach Norden und Zusammentreffen mit der im Wolchowraum angetretenen 2.Stoßarmee.

Zweitens: Antreten von Teilkräften entlang der Lowatj nach Süden und Vereinigung mit den auf Cholm vorstoßenden beiden Armeen, die den Auftrag hatten, die Heeresgruppen Nord und Mitte auseinander zu sprengen.

Für diese Großoffensive stellte die Rote Armee fünf Armeen bereit, ihre Einsatzräume waren:

11. Armee:	Kampfraum das Ufer des Ilmensees.
34. Armee:	links anschließender Aufmarsch am Rande des Waldai-Gebirges.

53. Armee, 22. Armee und 3. Stoßarmee: Durchbruch auf Cholm,
                                                      Einkreisung der deutschen
                                                      Kräfte von Süden her.

Als zusätzliche Unterstützungskräfte konnte die Rote Armee auf
sehr gut geführte Partisaneneinheiten- und -verbände zurückgrei-
fen, die sich in dem See-, Sumpf- und Waldgebiet unauffindbare
Verstecke angelegt hatten, aus denen heraus sie jederzeit zu ihren
Sabotageunternehmen starten konnten.

Hier war es insbesondere der große Partisanenverband „Iwan der
Schreckliche", der allein im Monat Januar 196 deutsche Soldaten
umgebracht hatte. Hinzu kamen zwei Dutzend zerstörte
Kraftfahrzeuge und die Sprengung von drei Eisenbahnbrücken
und zwei Munitionslagern.

DEMJANSK – DIE FESTUNG IM EIS

Die Vorgeschichte

Nach der Schlacht um Smolensk und dem Vorprellen der gesamten Heeresgruppe Mitte in Richtung Jelnja-Rosslawl-Wjasma, und von dort aus nach Ende der klassischen Kesselschlacht um Kiew, an welcher auch die Panzergruppe Guderian der Heeresgruppe Mitte beteiligt war, wollte man im Unternehmen „Taifun" den Schlußangriff auf und die Einnahme von Moskau durchziehen.

Diese Bewegungen hatten bewirkt, daß nur wenige Truppen an der Nahtstelle zur Heeresgruppe Nord zurückgeblieben waren.

Bei eisigem Frost hatten sich die beiden deutschen Panzerkeile bis auf 35 Kilometer an die russische Metropole herangearbeitet. Am 5. Dezember aber mußte Generaloberst Heinz Guderian bei Tula die Schlacht abbrechen und der Truppe das Übergehen zur Verteidigung befehlen.

Genau dies war d i e Stunde, auf welche die Rote Armee gewartet hatte. Bereits seit Oktober liefen im Stawka-Gebäude – dem sowjetischen Hauptquartier der Roten Armee in Moskau – die Planungen, in einer groß angelegten Gegenoffensive die deutschen Truppen der Heeresgruppe Mitte zu vernichten.

Nachdem sicher war ,(und dies wurde durch den Agenten Sorge übermittelt) daß die Japaner nicht angreifen würden, weil sie mit ihrem überraschenden Angriff auf Pearl Harbor den Krieg gegen die USA begonnen hatten, und nicht daran dachten, den Deutschen an der sibirischen Front zur Hilfe zu kommen und so die sowjetischen Streitkräfte zu spalten, zog die Rote Armee die sibirischen Divisionen von der Grenze ab und schafften sie nach dem Westen.

Es waren frisch ausgerüstete, voll ausgestattete Verbände. Diese rollten in die Bereitstellungen vor. Insgesamt waren es 30 Schützen-Divisionen, drei Kavallerie-Divisionen sowie 33 Schützen- und 6 Panzerbrigaden, die zur Angriffsfront traten. Diesen hatte das Oberkommando des Heeres nichts mehr entgegen zu setzen. Hinzu kam, daß der schnelle deutsche Panzerraid in Richtung Moskau die Heeresgruppe Mitte in Flanken und Rücken gefährdete.

Die sowjetische Winteroffensive begann am 5. Dezember. Sie zielte nach einem gewaltigen Artillerie-Feuerschlag und dem Einsatz starker Luftwaffenverbände mit der 22. und 39. Armee in den Raum Belyi, mit dem Fernziel Smolensk.

Die 29. Sowjetarmee hatte Rshew zum Ziel erhalten. Zwischen Moskau und Kalinin waren nicht weniger als fünf Sowjetarmeen aufmarschiert. Sie bestanden zum Großteil aus den frischen sibirischen Divisionen von der Fernostfront.

Zwei weitere Armeen zielten auf Moshaisk, drei rollten in den Raum Wjasma und Juchnow. Ihnen schlossen sich, bis hinunter nach Jeletzk vier weitere Sowjetarmeen an.

Damit war, wie der Kriegstagebuchführer der 3. Panzerarmee am 21.12.1941 ins KTB schrieb: „Die schwerste Stunde für die Panzergruppe angebrochen." (Siehe weitere Ausführungen dazu an anderem Ort.)

Nebenangriff dieses Hauptangriffs der russischen Gegenoffensive aber war der im Nordabschnitt der Ostfront angesetzte Sturm der Roten Armee gegen die wie Inseln im Meer der durchrollten russischen Landschaft liegenden deutschen Stützpunkte Welikije Luki, Welish, Nowosokolniki, Toropez, Newel und Cholm.

Dieser gesamte Frontabschnitt, der von Panzerverbänden weitgehend entblößt worden war, sollte nach dem Willen der Roten Armee – etwas zeitversetzt zur Großoffensive im Mittelabschnitt – angegriffen und in Besitz genommen werden. Falls dieser Angriff gelang, wäre die Heeresgruppe Mitte im Rücken gefaßt, von ihren rückwärtigen Verbindungen und Nachschubwegen abgeschnitten und zwischen zwei Feuer geraten. Womit ihr Zusammenbruch sicher zu sein schien.

Diesem russischen Plan vorausgegangen war der sowjetische Versuch, die bereits jetzt sich abzeichnende völlige deutsche Umklammerung von Leningrad durch Gegenangriffe zu verhindern. Die russischen Kräfte, die im Waldaigebiet lagen, wurden zu einer starken Stoßgruppe zusammengefaßt, um von dort aus in die offene Flanke der 16. Armee zu stoßen und Teile derselben abzuschneiden und zu vernichten. Dies würde zwangsläufig dem weiteren deutschen Vorgehen und der endgültigen Einschließung von Leningrad ein Ende bereiten.

Die Sowjets greifen an.

Es waren Verbände der 34. Sowjetarmee die mit frischen Panzerbrigaden und Schützen-Divisionen am 12. August 1941 antraten und mit ihren vier Korps, darunter ein Kavalleriekorps, antraten. Acht Schützendivisionen rollten auf die Südflanke der deutschen Truppen zu. Dies war das Signal für das II. Armeekorps unter Generalleutnant von Brockdorff-Ahlefeldt, das diesen Südflankenraum schützte und ostwärts Cholm lag, vor allem aber für das X. Armeekorps, das gegen Staraja Russa angetreten war und dem die ID 290 (wie dargelegt) unterstellt worden war.

Ihm gegenüber lag in den Stellungen hinter dem weiträumig sperrenden Panzergraben der Russen deren XXII. Armeekorps, das wegen der Wichtigkeit, die man Staraja Russa beimaß, mit fünf Schützen-Divisionen und einer Panzerdivision besonders aufgestockt worden war.

In dieser Situation beschloß die 16. deutsche Armee, das X. Armeekorps durch Unterstellung der 290. ID und der 126. ID so stark zu machen, daß es auf breiter Front gegen Staraja Russa antreten konnte.

Der 30. ID gelang es bei Jelizy den Panzergraben zu überwinden. Aber dieses Grabensystem war mehrere Kilometer in der Tiefe ausgebaut. Auf 15 Kilometern Breite griffen die deutschen Divisionen an.

Es gelang der 126. ID unter Generalleutnant Laux, bis dicht vor Staraja Russa vorzustoßen Dies schaffte auch die 290. ID, die in die vordersten russischen Grabenstellungen einbrechen konnte.

Der Westteil von Staraja Russa wurde genommen und als am nächsten Morgen das VIII. Fliegerkorps unter General der Flieger Wolfram Freiherr von Richthofen mit einem starken Fliegerangriff die Stadt vernichtend bombte, ergriffen die noch darin verteidigenden sowjetischen Truppen die Flucht. Ihnen auf den Fersen wurde vom X. AK die Redja und der Lowatj erreicht.

Die rechts an die 126. ID anschließende 30. ID stürmte über Polistj zum Lowatj vor.

Hier erhielt die 290. ID Weisung vom X. Armeekorps, nach Süden zu sichern, weil infolge dieses Vorstoßes zwischen dem X. und II. Armeekorps eine große Lücke entstanden war.

Dies war die große Chance für die Rote Armee und die von ihr angesetzte 34. Armee, die in diese aufklaffende Lücke hinein-rollte. Die drei hier stehenden Divisionen ließen sofort die schnellen Einheiten und Verbände herauslösen, um sie so schnell wie möglich gegen diese bedrohte Flanke anzusetzen.

Oberstleutnant Ulrich Iffland, Kommandeur der Panzerjäger-Abteilung 290 führte diese schnellen Verbände dem Feind entge-gen.

Doch die Gefahr, welche dem X. Armeekorps durch die russi-schen Umgehungsversuche drohte und das Korps gegen den Ilmensee zu drücken versuchte, schien Wirklichkeit zu werden, nachdem die 34. Sowjetarmee auch die 290. ID zu umfassen schien.

Bis zum 13. August gelang es diesen russischen Verbänden, den Raum 16 Kilometer südlich Staraja Russa am Polistj zu errei-chen. Ein anderer motorisierter Stoßkeil der Russen stieß bis zum Mittag dieses Tages weitere 12 Kilometer nach Westen vor und drang bis zur Linie Baranowa-Mariljmiza vor. Die rote Armee stürmte weiter direkt auf die Bahnlinie bei Gorki zu. Wenn die-ser Angriff gelang, war das X. AK von seinen rückwärtigen Verbindungen abgeschnitten.

Die Lücke zwischen dem X. AK bei Staraja Russa und dem II. AK, das noch bei Cholm stand, betrug am 15. August etwa 80 Kilometer. In diese Lücke hinein rollten die 5., 23. und 188. Schützen-Division, während die 54. Kavallerie-Division der Russen auf den Flanken vorstieß.

In dieser Situation befahl die Heeresgruppe Nord das Einstellen des Angriffs des LVI. Armeekorps (mot.) unter General der Infanterie von Manstein, das sich bereits bis auf 40 Kilometer Narwa genähert hatte.

Wie es dazu kam, hat Generalfeldmarschall von Manstein dem Autor anhand seiner Unterlagen berichtet:

„Das LVI. Panzerkorps sollte unter meiner Führung den Stoß über Luga auf Leningrad führen. Zwei Divisionen wurden dem Korps zugeführt: Die 269. ID und die SS-Polizeidivision. Die Kämpfe um Luga wurden schwer und dauerten bis zum 14. August. Am nächsten Tag übergaben wir den Befehl bei Luga an das Generalkommando des L. AK unter General Lindemann. Wir fuhren gemeinsam nach Norden zum Samro-See, 40 km südostwärts von Narwa. Als wir dort ankamen, erhielten wir Befehl, die uns folgende 3. ID (mot.) anzuhalten, selbst am nächsten Morgen früh nach Süden zu fahren und uns beim AOK 16 in Dno zu melden.

Als wir nach dreizehnstündiger Fahrt am anderen Abend dort eintrafen, erfuhren wir, daß das X. AK der 16. Armee südlich des Ilmensees von überlegenen Feindkräften angegriffen und zurückgedrängt worden sei. Der Gegner, so wurde argumentiert, strebe eine westliche Umfassung des Korps an. Wir sollten dem Korps die dringend notwendige Entlastung bringen.

Es gelang uns, mit unseren Kräften bis zum 18. August – von Gegner unbemerkt – überraschend anzugreifen.

Wir schafften es, die feindliche Front von der Flanke her aufzurollen und im weiteren Verlauf dieser Kämpfe zusammen mit dem X. AK die sowjetische 38. Armee entscheidend zu schlagen. Unter der russischen Beute befand sich eine deutsche Acht-acht-Zentimeter-Flak, die in Deutschland gefertigt und noch im Frühjahr 1941 (!!!) von Deutschland an Rußland geliefert wurde. Außerdem fanden wir unter der Beute das erste sowjetische Salvengeschütz, das wir zu Gesicht bekamen.

Im weiteren Verlauf der Kämpfe tauchten vor der 16. Armee drei sowjetische Armeen auf: Die 11., 27. und 34. Armee. Das LVI. Panzerkorps erkämpfte den Übergang über die Pola und erreichte fast Demjansk, das ab Januar 1942 zum viel beachteten Mittelpunkt der Kämpfe im Nordabschnitt der Ostfront wurde. Die Regenperiode des Hoch- und Spätsommers machte die Wege fast grundlos.

Während des Hin und Her um die Eroberung von Moskau, wie sie vom Oberkommando des Heeres geplant wurde, erhielten wir schließlich am 12. September 1941 Befehl, daß wir in Kürze zur

14

Heeresgruppe Mitte und dort zur 9. Armee verlegt werden würden. Am Abend dieses Tages, als ich mit einigen Herren meines Stabes im Zelt saß, auf das ein strömender Regen niederprasselte, klingelte neben mir das Telefon. Ich nahm den Hörer auf. Man wünschte mich für den Oberbefehlshaber der Heeresgruppe Nord, meinen Freund Busch, an den Apparat. Ernst Busch las mir dann ein Fernschreiben des Oberkommandos des Heeres vor, das folgenden Inhalt hatte:

„General der Infanterie von Manstein ist sofort zur Heeresgruppe Süd in Marsch zu setzen, zwecks Übernahme der 11. Armee." Ich war stolz und glücklich, nunmehr meinen Traum in Erfüllung gehen zu sehen, einmal eine Armee zu führen, denn d a s war die Krönung einer großen militärischen Laufbahn.

Leider konnte ich mich nur telefonisch von den Divisionen meines Korps verabschieden. Schwer fiel mir der Abschied von meinem Stab und dessen bewährtem Chef, Oberst Freiherr von Elverfeldt, von dem Ia, Major Dethleffsen, dem Ic Guido von Kessel und dem IIa, Major von der Marwitz. Mein Ordonnanzoffizier, Hauptmann Specht, und meine beiden Fahrer Schuhmann und Nagel begleiteten mich. Ich fuhr zum Oberkommando und verabschiedete mich von meinem Freund Busch, der mir seine besten Wünsche mit auf den Weg gab.

Am 17.9.1941 traf ich am Sitz des Hauptquartiers der 11. Armee, dem russischen Kriegshafen Nikolajew an der Mündung des Bug, ein. Hier erfuhr ich die Einzelheiten, die zu meiner schnellen Kommandierung in dieses neue Amt eines Armee-Oberbefehlshabers geführt hatten.

Der bisherige Oberbefehlshaber, Generaloberst Ritter von Schobert, war am Tage vorher zu Grabe getragen worden. Bei einem seiner täglichen Besuche zur Front war er in einem russischen Minenfeld gelandet und hatte zusammen mit seinem Piloten den Tod gefunden."

Soweit der Bericht von Generalfeldmarschall Erich von Manstein zur Erklärung der Sachlage die letztendlich auch Demjansk betraf.

Wie der Kessel von Demjansk entstand.

Die 16. Armee ordnete trotz der Bedenken hinsichtlich der sich versteifenden Feindabwehr im Raum Kolpinka, wo der Feind sich in dichtem Wald- und Sumpfgebiet verschanzt hatte, den weiteren Angriff auch des

II. Armeekorps an, das aus seinen vor Cholm liegenden Verteidigungsräumen nach Osten angreifen und somit auch die Flanke des X. und LVI. AK schützen sollte.

Der Vorstoß gestaltete sich infolge der verschlammten Straßen und Wege äußerst langsam, der Einsatz der motorisierten Truppen war fast unmöglich. Hinzu kam, daß die Feindaufklärung die Anwesenheit von drei sowjetischen Armeen zwischen Cholm und Staraja Russa erkannt hatte. Das ließ das AOK 16 mit seiner Forderung auf schnellem Vorstoß so weit zurückstecken, daß das II. AK nur nach Osten bis in Höhe von Demjansk vorgehen solle.

Der Angriff wurde wie folgt vorgesehen:

Von links, an den Ilmensee gelehnt, nach rechts standen das X. AK mit der 290. Und 30. ID, das LVI. AK mit der SS-Totenkopf-Division und der 3. ID (mot.) bereit. Ihnen schloß sich das II. AK mit der 123., 32. und 12. ID an. Die 12. ID wiederum hielt Anschluß an die nördlichste Division der Heeresgruppe Mitte, der 19. Panzer- Division (des LVII. AK mot.)

Der beginnende Angriff am 31. August 1941 sah das X. AK als erstem Großverband der 16. Armee unterwegs. Seine links vorgehende Flügeldivision hatte einen zweifachen Auftrag:

Erstens sollte sie sich bis zum Ilmensee hin ausdehnen um den Raum zu sichern.

Zweitens sollte sie mit seinem rechten Regiment Kolpinka und dann darüber hinaus vorstoßen.

Unter der Führung von Generalleutnant von Wrede schaffte die Division ihre gestellte Aufgabe binnen dreier Tage und ging auf ihrer etwa 40 Kilometer breiten Linie zur Verteidigung über.

Währenddessen fesselten die 30. ID und das LVI. AK (mot.) die 11. und 34. Sowjetarmee durch schnelle Flankenangriffe, mit dem Ziel, damit dem II. AK – das als Schwerpunktkorps im

Zentrum dieser Offensive stand – das Vorpreschen zu erleichtern. General der Infanterie von Brockdorff-Ahlefeldt führte die beiden rechten Korps von Cholm aus nach Nordosten vor. Den Infanterie-Verbänden weit voraus stand die 19. Panzer-Division unter Generalleutnant Otto von Knobelsdorff ihren Mann und eroberte am 9. September die Stadt Demjansk.

General der Panzertruppe Otto von Knobelsdorff hat diesen Einsatz seiner Division exakt dargestellt. Hier ein Auszug daraus:

„Am 6.9.1941 traf die 19. PD in Cholm ein. Es ging während dieses Marsches durch einen urwaldähnlichen Forst. Der Weg war verschlammt und für unsere Fahrzeuge katastrophal. Besondere Schwierigkeit machte die Überwindung des von steilen Lehmufern tief eingeschnittenen Lowatj.

Cholm selbst war die erste baulich schöne Stadt. An allen Holzhäusern befanden sich schöne Schnitzereien mit Veranden, was wir vorher in Rußland noch nicht beobachtet hatten. Die Bevölkerung, tiefgläubig, machte einen guten Eindruck. Die großen Wälder, später Hauptaufenthaltsraum der Partisanen, waren sehr wildreich. Bär und Elch, so wurde gesagt, seien hier keine Seltenheit.

Nachdem die ersten Teile meiner Division am 6.9. in Cholm eintrafen, wurden sie gleich weiter nach Osten, hinter das II. AK, General der Infanterie von Brockdorff-Ahlefeldt gezogen, dessen Angriff auf Demjansk das Korps unterstützen sollte. Unser Auftrag lautete: Zunächst hinter der 32. ID folgend, sofort über diese hinaus vorzustoßen, sobald die nassen und schwierigen Übergänge über die Pola, Marewka und Schtscheberoscha bei Mankino, Souchonogowo und Molwotizy geöffnet wären. Demjansk zu nehmen und zunächst bis an die Bahnlinie Staraja-Russa-Waldai vorgehend, diese zu unterbrechen. Später sollte auf Waldai weiter vorgegangen werden.

Die Hauptaufgabe des LVII. Panzerkorps war es, die 20. PD rechts, 19. PD links, an der Straße Cholm-Apoletz-Molowtizy-Demjansk vorgehend, tief in den Rücken der Russen vorzustoßen und dadurch den von Westen angreifenden Teilen der 16. Armee den Weg durch das schwierige Sumpfgelände zwischen dem

Lowatj und den Waldaihöhen zu öffnen.

Am 7.9. wurde der Marsch in den Raum Apoletz fortgesetzt. Die vorderen Teile der 32. ID lagen etwa an der Pola. Unsere Panzeraufklärung wurde in der kommenden Nacht nach Molowotizy vorgeschoben und das PR 27 der Division nach dem weiteren Vorankommen der 32. ID bis Smtroilowo ebenfalls weiter vorgeschickt.

Der Divisionskommandeur (von Knobelsdorff) war zusammen mit dem Kommandeur der 32. ID, Generalmajor Wilhelm Bohnstedt (Ritterkreuz als Generalleutnant am 25.1.1945), dicht hinter der Angriffsspitze gefahren. Als die Höhen etwa 6 Kilometer südlich Demjansk erreicht waren, wurde das Panzerregiment 27 zum Angriff angesetzt. Ein Infanterie-Regiment der 32. ID saß auf den Panzern fest.

Zunächst ging es durch einen großen Wald. Etwa 2 km vor Demjansk stieß die Spitze auf feindliche Panzer, die vernichtet wurden. Gleichzeitig griff russische Infanterie an, so daß das Infanterieregiment der 32. ID von unseren Panzern absitzen mußte und die Russen zurückwarf.

Der Panzerangriff lief weiter. Durch gesprengte kleine Brücken und Straßensprengungen gab es einige Aufenthalte. Unser Ziel war zunächst die Flußbrücke über den Jawon. Der Ort wurde schnell genommen und den Russen schwere Verluste zugefügt. Als sich aber unsere Spitze der Brücke näherte, flog diese dicht vor den ersten Panzern in die Luft."

Auch dieser Fluß war tief eingeschnitten und hatte steile Ufer. Demzufolge war er nur schwer zu durchschreiten. Der Führer der vordersten Panzerkompanie, Oblt. Graf von Werthern, fuhr sofort durch die neben der Brücke erkannte Furt und griff die Feindartillerie an, die etwa zwei Kilometer davon entfernt nach Osten zurückrollte.

Nach kurzem Feuergefecht wurde die russische Artillerie vernichtet. (Oberleutnant Thilo Frhr von Werthern-Beichlingen erhielt für diese und einige anderen Panzervorstöße am 18.11.1941 das Ritterkreuz).

Zum Sturm auf die Bahnlinie Staraja Russa-Waldai befahl Otto von Knobelsdorff dem Panzer-Regiment 27 seiner Division, auf der Straße nach Lushno nach Norden vorzustoßen und diese Bahn nach Möglichkeit noch am selben Tag zu unterbrechen.

Bis zum Abend des 7.9.1941 hatte das PR 2 unter dem Kommando von Oberstleutnant Wolfgang Thomale in einem schneidigen Vorstoß, im Kampf gegen feindliche Panzer, Artillerie, Pak und russische Kolonnen, immer wieder mit Teilen Schießhalt machend und mit der wechselnden Spitze weiter vorstoßend, neun Panzer abgeschossen, drei Feindbatterien überkarrt und einige Kolonnenstücke vernichtet. Es stand mit Einfall der Dunkelheit im Raume Lushno-Krassnaja-Gorschkowitzy. Hier igelte es sich ein.

Oberstleutnant Thomale erhielt für diese und eine Reihe weiterer Kampfleistungen am 27.11.1941 das Deutsche Kreuz in Gold. Am 10. Februar 1942 wurde er mit dem Ritterkreuz ausgezeichnet und wenig später zum Oberst befördert.

Die nachgezogenen Teile der Division ruhten in und um Demjansk. Pioniere erkundeten den Übergang über den Jawon.

Folgen wir dem weiteren Verlauf der Kampfhandlungen im Großraum Demjansk anhand der KTB-Eintragungen und des Werkes von General der Panzertruppe Otto von Knobelsdorff über die „Geschichte der 19. Panzer-Division."

„Am 8.9.1941 fanden die Pioniere eine unversehrte Brücke, die von den Fahrzeugen der Division befahren werden konnte. Es war der Übergang bei Olsi, nur zwei Kilometer von Demjansk entfernt. Eine Stunde später befanden sich die Fahrzeuge der Division im Marsch über die Brücke. Etwa zur gleichen Zeit wurde das PR 27 von Westen her angegriffen. Diese russischen Truppen versuchten, der Einkesselung zu entkommen, die in der Luft lag, weil die 16. Armee stark nachzog und von Süden her in den Rücken der Feindtruppen stieß.

Dieser Angriff wurde abgewehrt, und der Feind bog nach Norden weg. Das PR 27 erhielt Weisung, dorthin zu rollen und mit der von Staraja Russa aus entlang der Bahnlinie angreifenden 30. ID unter Generalleutnant Kurt von Tippelskirch zusammen zu gehen. "Hier stieß das PR 27 zum ersten Male auf den neuen T 34, einen Panzer, den sich das Regiment selber gern gewünscht hätte", wie General Thomale anläßlich einer Korrespondenz einmal den Autor mitteilte.

Bis Mittag erreichte das PR 27 Lytschkowo, säuberte den Ort und sprengte die Bahnlinie.

In letzter Minute traf schließlich auch das IR 74 hier ein und konnte den Panzern bei der Abwehr der von allen Seiten auf sie einstürmenden Rotarmisten zur Seite stehen und russische Panzervernichtungstrupps abwehren.

Dies war der nördlichste Punkt des Nordabschnittes der Ostfront, der im Verlauf des Rußlandfeldzuges in deutscher Hand war.

Es war Mittag dieses 8. September, als die Rote Armee sich anschickte, Demjansk anzugreifen und zurückzugewinnen.

Dieser Stoß war über Demjansk hinweg auf die Höhen nördlich der Stadt gerichtet, hinter denen die einzige rückwärtige Verbindung der 19. PD entlang führte. Es war die SS-Division „Totenkopf", die den Russen hier Paroli bot.

Die Situation für die 19. PD war alles andere als günstig, denn sie stand nun nördlich von Demjansk allein auf sich gestellt und konnte nach Durchbrechen der Straße von Demjansk durch sowjetische Truppen jederzeit eingekesselt werden.

Allerdings stand inzwischen in Demjansk selbst die 32. ID, die Auftrag hatte, die Stadt zu verteidigen. Alle russischen Angriffe blieben hier stecken. (Siehe Abschnitt: Die 32. Infanterie-Division in Demjansk).

Die Truppen der Roten Armee bogen in das nördlich gelegene Hügel- und Waldgelände aus und versuchten von dort aus, das IR 73, das westlich der Straße eingesetzt war, zu durchbrechen und die 19. PD abzuschneiden. Die Männer dieses Regiments unter Oberstleutnant (wenig später zum Oberst befördert) Hans Källner standen unerschütterlich und stoppten jeden der Angriffe. (Am 3.5.1942 erhielt Källner das Ritterkreuz. Er wurde im Verlauf seines Rußlandeinsatzes noch am 12.4.1944 mit dem 392. EL und am 23.10.1944, als 106. deutscher Soldat, mit den Schwertern zum RK mit EL ausgezeichnet. Er war zu jener Zeit bereits Kommandeur seiner alten 19. Panzerdivision. Am 18.4.1945 fiel er, mit der Führung des XXIV. Panzerkorps beauftragt, bei Sokolnica im Raume Olmütz).

Das Regiment wurde am 10.9. durch die 30. ID abgelöst. Der

Angriff des nächsten Tages wurde russischerseits von starken Fliegerkräften unterstützt. Die Divisions-Flakabteilung 85 schoß eine Reihe russischer Flugzeuge ab. Die I. Batterie der Abteilung erzielte hier ihren 100. Abschuß.

Da die 19. PD abgelöst werden sollte, wurde die SS-Totenkopf-Division zur Ablösung befohlen. Sie traf am 16.9. in Cholm ein. Mit der 19. PD wurde auch die 20. PD in Marsch gesetzt und übernahm die Spitze. Beide Divisionen sollten über Newel-Witebsk und Smolensk eine Strecke von 800 Kilometern auf der Straße zurücklegen. Die Kettenfahrzeuge wurden hingegen auf dem Bahnwege transportiert.

Der kommandierende General des LVII. Panzerkorps, General der Panzertruppe Kuntzen, verabschiedete die 19. PD mit besonderem Dank für die geleisteten Einsätze.

Der Oberbefehlshaber der 16. Armee, Generaloberst Busch, ein Freund Knobelsdorffs, richtete am 17.9.1941 seinen Tagesbefehl an die Generalkommandos des II., X., LVI. und LVII. AK und gab bekannt, daß der Oberbefehlshaber des Heeres ihm soeben seinen Dank für Führung u n d Truppe ausgesprochen habe. Er mußte verkünden, daß die 3. ID (mot.) und die 19. und 20. PD aus dem Armeebereich ausscheiden müßten.

Das war jene Entscheidung der Obersten deutschen Führung, die um ein Haar die Vernichtung der Heeresgruppe Mitte durch in ihrem Rücken landende russische Armeen mit starken Panzerkräften – denen deutscherseits keine einzige Panzerdivision entgegengesetzt werden konnte – verursacht hätte. Gleichzeitig war sie Anlaß für eine Reihe eingeschlossener Verbände, sich einzuigeln und die „Rote Flut" an sich vorbeiziehen zu lassen.

So entstand letztendlich auch der Kessel von Demjansk, der von allen beteiligten Soldaten nur als die „Hölle im Eis" bezeichnet wurde.

Die rote Offensive beginnt

Am frühen Morgen des 8. Januar 1942 traten noch vor Tagesanbruch 19 sowjetische Schützendivisionen, neun Schützenbrigaden und eine Reihe selbständiger Panzerverbände zum Angriff an. Mit dem ersten Tageslicht erfolgten die Angriffe sowjetischer Bomber- Schlacht- und Jagdfliegerverbände, die vor allem gegen die deutschen Versorgungs-straßen gerichtet waren, aber auch mit Tiefangriffen der IL 2-Schlachtflugzeuge gegen erkannte deutsche Stellungen geflogen wurden.

In einer bislang in Rußland noch nicht erlebten Flugblattaktion wurden die deutschen Soldaten aufgefordert, ihren sinnlosen Widerstand aufzugeben und sich gefangen zu geben oder dar überzulaufen.

Den russischen Infanterie- und mot.-Verbänden rumpelten starke Schneepflüge voraus. Auf Motorschlitten wurden MG-Gruppen nach vorn gefahren, danach folgten die Panzer und schließlich pferdebespannte Schlitten mit aufgesessenen Schützen. Den Schluß machten die Lastwagenkolonnen, die den geräumten Straßenabschnitten folgten.

Alle diese Divisionen waren hundertprozentig für einen Winterkrieg ausgerüstet, wie er nun hier begann. Es waren die Divisionen 180, 182 und 188 der Schützenkorps und Teile der 25. Kavallerie-Division der Russen.

Die wenigen deutschen Einheiten konnten dieser Angriffslawine keinen nennenswerten Widerstand leisten. Erst im Raume nörd-lich der Bahnstrecke Parfino-Staraja Russa wurden die ersten Abwehrriegel eingerichtet und stoppten die feindlichen Kräfte mittels zusammengeraffter Alarmeinheiten.

Die Masse der 11. Sowjetarmee stieß genau auf Tutilowo vor. Dort aber stand die 290. Infanterie-Division.

Die deutsche Abwehr des Angriffs

Bei der 290. Infanterie-Division

An jenen eingangs Januar 1942 beginnenden und bis zum Februar 1943 andauernden Kämpfen in diesem Frontabschnitt, dessen Zentrum sich sehr bald als „Kessel von Demjansk" bildete, war die 290. ID – wegen ihres Symbols eines aufrecht stehenden Schwertes auch „Schwert-Division" genannt – an vielen Brennpunkten beteiligt.

Wenn es in den späteren Wehrmachtsberichten lapidar hieß: „Südostwärts des Ilmensees", dann war der Demjansker Kessel gemeint.

Dieser Kessel, wenig später nach seiner Bildung auch die „Grafschaft" genannt, wurde im Kern vom II. Armeekorps unter General der Infanterie Walter Graf von Brockdorff-Ahlefeldt gehalten. Er dehnte sich ostwärts von Staraja Russa bis zum Seligersee und zu den Waldaihöhen aus und hatten einen Durchmesser von etwa 60 Kilometern und eine Randfront um den Kessel herum, die 300 Kilometer betrug.

Das II. Armeekorps und Teile des X. Armeekorps waren im Kessel von Demjansk vertreten, der sehr bald völlig eingeschlossen wurde.

Es waren dies folgende Verbände: Die 5. und 8. Jägerdivision, die Infanterie-Divisionen 12, 30, 32, 58, 81, 122, 123, 126, 225, 254, 290 und 329. Außerdem die Waffen-SS-Division Totenkopf. Hinzu kamen im Laufe der Zeit: Das Artilleriekommando 105, Korpstruppen 402, das SS-Freikorps „Danmark", die Grenadier-Regimenter 368 und 397. Die Luftwaffen-Feldregimenter 3 und 5 gehörten ebenso dazu, wie Panzer-Reste der Regimenter 10 und 203. Die Pionier-Bataillone 519 und 541, das Artillerie-Regiment z. b. V. 49. Der Flak-RgtStab 151 und Einzel-Bataillone, die im Verlauf der Kämpfe um Demjansk auf etwa 40 anstiegen. Darunter solche der Panzerjäger und Pioniere, der Bautruppen, Fahrkolonnen, Radfahrer und Artillerie-Abteilungen.

Alles in allem betrug die Zahl der im Kessel von Demjansk eingesetzten Soldaten 105.000 Mann.

Hier zunächst die Geschehnisse bei der 290. ID.

Während des raschen Vorstoßes der 16. Armee im August 1941 entstand zwischen dem II. und X. Armeekorps eine 80 Kilometer breite Frontlücke, die sich bis in den Raum Cholm hineinzog. Die 34. Sowjetarmee stieß in diese Lücke hinein und umklammerte das X. Armeekorps, das mit Front nach Norden stand, im Süden.

Eine gewagte Umgruppierungsaktion der 16. Armee und der Einsatz der 3. Infanteriedivision (mot.) des Korps von Manstein mit der SS-Totenkopf-Division warf den Feind. Der Wehrmachtsbericht sprach von 10.000 gefangenen Russen.

Sehr bald trat auch hier die Schlammperiode ein, dem starker Frost bis zu 25 Grad minus folgte. Die 290. ID verfügte ebenso wie alle anderen Divisionen im russischen Winter nicht über Winterbekleidung. Dennoch mußte Stellungsbau betrieben und der Feind im Stellungskrieg zurückgeschlagen werden.

Der Divisionsabschnitt der 290. ID betrug 40 Kilometer. Er mußte gehalten werden, entgegen aller operativen Bedenken. Dies allein verhinderte auch hier eine Katastrophe.

Der Winter entwickelte sich bis zum Jahresende zum tiefsten seit einem halben Jahrhundert. Kältegrade bis 42 unter Null wurden gemessen.

Am Morgen des 7. Januar 1942 stand die 290. ID gegen den Ansturm der 11. Sowjetarmee im Westen. Für die 290. ID kam es schließlich zu einem Dreifrontenkampf. So stand das IR 501 auf einer Breite von 20 Kilometern im „Nordabschnitt" und konnte ihren Abschnitt wochenlang halten und immer wieder Einbrüche ausbügeln und Fronteinbuchtungen begradigen.

An der „Westfront" war es das IR 502, das auf einer Breite von 10 Kilometern den Angriffen der 11. Sowjetarmee standzuhalten hatte. Eine ganze Reihe kleiner Dörfer zwischen Tulitowa und Parfino mußten immer wieder in erbitterten Kämpfen freigeschlagen werden. Wer diese Dörfer nicht besaß, der hatte in der grimmigen Kälte ausgespielt. Was besonders für die deutschen Truppen entscheidend war, die ohne Winterbekleidung gegen einen zweifachen Feind – den Gegner in Gestalt der

11. Sowjetarmee und den „General Winter" zu kämpfen hatte.

Die „Ostfront" wiederum war als Sicherungslinie gegen das Sumpfgebiet des Newij Moch gedacht. Dahinter war die 34. Sowjetarmee aufmarschiert. Hier war es das IR 503, das einen Abschnitt von 13 Kilometern zu verteidigen hatte.

Daß diese schwachen Kräfte gegen den in zehnfacher Übermacht angreifenden Feind nicht standhalten konnten, war einsichtig. D a ß es gelang, war den verschiedenen Zuführungen fremder Truppen und nicht zuletzt den oftmals umgruppierten Abteilungen des eigenen Artillerie-Regiments 190 zu verdanken. Diese im rechten Winkel eingeklappten Flügelstellungen bildeten um den Einsatzraum der 290. ID eine Halbinsel in einem Meer von Feinden.

Während am Lowatj bereits am 7. Januar 1942 der Kampf begonnen hatte, kam es an der Ostfront seit dem 9.2.1942 zu einem erbitterten Ringen. Russische Sturmtruppen stießen über das fest zugefrorene Moor vor, um sich der Dörfer zwischen Schwarez im Norden der Abwehrfront und Kalinez im Süden der Bahnlinie, zu versichern und die deutschen Soldaten in den klirrenden Frost hinauszutreiben.

Zunächst waren es kampfstarke Späh- und Stoßtrupps, die sich durch das weglose Waldgelände durchfraßen und sich dann mit nachgeführten Truppen am Knüppeldamm bei Pustynka festsetzten.

Im sofortigen Gegenstoß wurden diese russischen vorgeschobenen Stellungen angegriffen und überwiegend im Nahkampf, Mann gegen Mann und Handgranate gegen Handgranate, Bajonett gegen Bajonett, zurückgewonnen.

Dennoch gelang es der Roten Armee an dieser Stelle, in den bis zum 15. Januar andauernden Kämpfen die dünne, nur durch Pendelposten gesicherte Nahtlinie zur 30. ID im Raume Wershina zu durchbrechen.

Größere Kampftruppen stießen mit Panzerunterstützung zum Bahnhof Beglowo vor und bedrohten damit den nach Süden offenen Raum der 290. ID.

Die Kämpfe im Nordabschnitt richteten sich vermehrt gegen die erkannten 2. und 1. Batterie des AR 290. Dabei gelang es ihnen, die Kompanien Eckhardt und Wetthauer des I./IR 503, die diese Batterien zu schützen und russische Angriffe gegen sie abzuwehren hatten, auf ihren mitten im Moor liegenden vorgeschobenen Stützpunkten von der Verbindung nach Pustynka und Wershina abzuschneiden. Absicht des Gegners war es, die beiden Stützpunkte Teufels- und Robinson-Insel und nicht zuletzt das vielumkämpfte Pustynka in eigenen Besitz zu bringen.

Im Ringen um die Robinsoninsel am 13. Januar kam es zu den schwersten Kämpfen überhaupt, als russische Eliteeinheiten mit schweren Waffen dagegen vorgingen.

Rasch zusammengefaßte Stoßtrupps Freiwilliger schlugen den Feind aus den erreichten Löchern und Kampfständen hinaus. Mehrfach galt es, die russischen Einheiten einzeln aus ihren erreichten Löchern hinauszuschießen.

Der Feind wurde geworfen. Dennoch konnten Teile dieser Einheiten sich südlich Pustynka festsetzen. Da sie eine Bedrohung der Ortschaft darstellten, wurden zwei Kompanien nacheinander dagegen angesetzt. Mit vorgehende Pioniergruppen sprengten die Erdbunker der Russen in die Luft. Die Kämpfe wurden zu einem wilden Gemetzel und trotz mehrerer Angriffe konnte der hier sitzende Feind nicht mehr geworfen werden.

Die Division war nicht im Stande stärkere Kräfte dagegen anzusetzen und mußte auch die Beschießung der erkannten Feindmassierungen einstellen, da sich gleichzeitig starke Feindkräfte mit einigen Panzern voraus gegen die schwachen Stellungen zwischen Wershina und Wyssotschek warfen, die Postenstellungen der 30. ID durchstießen und sich damit einen neuen Weg in das Moor bahnten.

Von Norden führten starke Feindkräfte am frühen Morgen des 15. Januar den Angriff nach Süden über den deutschen Knüppeldamm. Um die Division 290 niederzuhalten, belegten sie gleichzeitig damit Pustynka mit starkem Artilleriefeuer, in das auch zwei Stalinorgeln einfielen.

Oberstleutnant Beeken, Kdr. des AR 290, fuhr sofort zu seiner I. Abteilung vor, um die Lage am Ort des Geschehens zu überprüfen. Bei Major von Lueder, Kdr. der I./AR 290, erhielt er die

Meldung, daß die Gefangenen-Befragungen ergeben hatten, daß zwischen der 290. Und 30. ID der Feind in Stärke von drei Regimentern durchzubrechen beabsichtige.

In diesen Tagen ging die tiefe Temperatur auf 12 bis 17 Grad zurück. Allerdings begann es wieder heftig zu schneien. Dies verschlechterte die Sicht bedeutend, denn der Feind kämpfte sich durch das dicht verschneite Unterholz beinahe unsichtbar voran. Eine angeforderte Luftaufklärung konnte wegen dieses Wetters nicht geflogen werden.

Es war Generalleutnant Theodor Frhr. von Wrede, der seine Division nicht nur zusammenhielt, sondern immer wieder zu den einzelnen „Fronten" fuhr und die Lage prüfte, um mit schnellen Entschlüssen manche schwierige Situation durch Blitzentscheidungen zu entschärfen. Er war an der Ostfront der Division ebenso wie in den vordersten Stellungen der Robinson- und Teufelsinsel zu finden. Er kümmerte sich persönlich um das Nachholen der Verpflegung, denn seine Division war seit Tagen ohne Nachschub geblieben. Daß es – wenn auch nur sporadisch – immer wieder zu Stuka-Angriffen kam, die einige der gefährlichen Feindstützpunkte zerschlugen, war sein Werk.

Am 22. Februar 1942 wurde er – dies sei an dieser Stelle vorgetragen – mit dem Ritterkreuz ausgezeichnet.

Am Morgen des 17. Januar war Generalleutnant von Wrede erneut vorn bei der Truppe und mußte feststellen, daß Verpflegung und Munition sich sehr verknappt hatten und daß dies Ursache eines Aufgebens der Stellungen sein konnten. Er veranlaßte alle möglichen Aushilfen, auch jene, daß er den Radfahrzug der 3./503 auf Skiern zur Insel schickte. Jeder der Männer war mit einem riesigen Rucksack voll Verpflegung und Material bepackt. Vier Schlitten waren bis zum Zusammenbrechen beladen. Sie kamen durch.

Die neue Nachschubstraße von Tuleblina war völlig vereist und ging dann in einem meterdicken Überzug aus Schnee unter. Hinzu kam, daß der Feind sich mit Schneeschuh-Truppen dieser Straße bemächtigte.

Um die Lage an der „Ostfront" zu entspannen, mußte auch das IR 502 sein I. Bataillon und einen 40-köpfigen Skizug von der

Westfront an den rechten Flügel der Ostfront werfen. Was leichter gesagt als getan war. Um dieses neue Abwehrzentrum zu erreichen, mußten die Infanterie-Einheiten zu einem Zehnstundenmarsch durch klirrende Kälte antreten.

Von der Nordfront wurden Teile des IR 501 an die Ostfront abgestellt. So das II./IR 501, die 1./IR 501 mit einer SMG-Gruppe. Nunmehr mußte das zurückbleibende I./IR 501 die verbleibenden Kräfte in Gestalt von Späh- und Stoßtrupps einsetzen, um jeden drohenden Feindabgriff rechtzeitig zu erkennen.

Oberstleutnant Arnold Schenk, Deutsches Kreuz in Gold am 25.9.1942, übernahm am 18. Januar das IR 503, das noch einmal von den Kameraden des IR 501 Hilfe in gestalt der Kp. Philipp in Stärke von 30 Mann, und noch einmal 20 Mann erhielt, die im Verteidigungsraum des I. und II./IR 503 eingesetzt wurden.

Im Verlauf des 19. Januar sickerten immer stärkere Feindgruppen in die deutsche Ostfront ein. Nach 30 Mann am frühen Morgen verstärkten sich die Zahlen auf 200 Mann am späten Nachmittag. Dies war die Stunde der eigenen Späh- und Stoßtrupps, die zwischen diesen Sickertruppen ins Feindgebiet hineinstießen und die russischen Spähtrupps aus dem Rücken angriffen und aufrieben. Gleichzeitig damit waren andere russische Einheiten an diesen deutschen Stoßtrupps in entgegengesetzter Richtung vorbeigestoßen und konnten bis in die Protzenstellung der 1./AR 290 vorstoßen. Hier war es die 7./IR 503, die gemeinsam mit der Batterie Diercks den Feind vernichteten, der 65 Tote auf diesem engen Gefechtsfeld zurückließ.

Diese Angriffe schienen sich ewig fortsetzen zu wollen. Sie zermürbten die Abwehrkräfte de 290. ID, die sich mit dem Mute der Verzweiflung verteidigte, eingedenk der Tatsache, daß sie an dieser exponierten Stelle die in Demjansk kämpfenden Truppen des II. Armeekorps entscheidend unterstützten.

Ein Feindeinbruch auf Schkwarez stellte die Besatzung mit der 2./IR 503 vor unlösbare Aufgaben, da sich der Feind in den einzelnen Häusern förmlich verbissen hatte. Erst nach Zuführung der 12./IR 501, einiger Pak und einer (!) leichten Feldkanone, konnte der Feind in blutigen Nahkämpfen geworfen werden.

Durch diese Vielzahl an Aushilfen schrumpften die Kräfte des IR

501 auf 1.600 Mann zusammen, dies auf einer Verteidigungsbreite von 20 Kilometern. Sie hielten in den tiefgefrorenen Gräben und Postenständen aus. Erfrierungen und teilweise totale Erschöpfung forderten ihren Tribut. Hinzu kamen der Schanzdienst an den zerschossenen Stellungen und das dauernde „Postenschieben".

Auch im Raume westlich Pustynka konnte sich der Feind vor der Teufels- und Robinsoninsel festsetzen, ohne jedoch die Verteidigung erschüttern zu können. Hier kam es zu einem dichten Handgemenge, als ein kampfstarker russischer Stoßtrupp die Feuerstellung der 2./AR 290 erstürmte. Leutnant Maurer, der die Verteidigung leitete, wurde mit Schulterschuß niedergestreckt. Sieben Kanoniere konnten den Russen verwundet entkommen. Sie halfen dem Leutnant, daß er mit ihnen dem Tode entrann.

Es war vor allem Lt. Eder, der unmittelbar vor dem Feind liegend, mit seinen Männern unentwegt in den Gegner feuerte und den zu nahe herangekommenen Russen mit Handgranaten beikam, so daß diese schließlich panikartig und unter hohen Verlusten flohen.

Beide Geschütze konnten unversehrt zurückgeholt werden. Neben den herben Verlusten welche dieser Angriff gekostet hatte, fiel auch der Kdr. der I./AR 290, Hptm. Todsen, durch Kopfschuß.

Am 24. Januar 1942 herrschten im Abschnitt der 290. ID 52 Grad Kälte, es war die tiefste Temperatur, die jemals in diesem Kampfraum gemessen wurde. In dieser grimmigen Kälte trat die Rote Armee zu einem starken Angriff an. Mit Winterausrüstungen, Filzstiefeln – den berühmten Palinkas – und Wattejacken ausgestattet, waren sie dieser grimmigen Kälte weniger stark ausgesetzt, als ihre Gegenüber. Dennoch mußten auch sie versuchen, sich der wärmenden Zufluchten in den Häusern und Katen zu versichern.

Aus dem Sumpfgebiet des Newij Moch südlich Pustynka antretend, stießen sie in zwei Keilen direkt nach Süden auf Beglowo und nach Südwesten auf Ljubetzkoje und Kalinez vor. Alle kleinen Ortschaften nördlich davon bis hinauf nach Schkwarez wurden ebenfalls angegriffen. Als wenig später auch Feindkräfte

3 km westlich Larinka auftauchten, mußte sich die schwache Besatzung auf Rjabschikowo zurückziehen.

Pustynka wo, Lt. Becker mit schwachen Kräften auf sich allein gestellt stand, hatte Befehl erhalten, bis zum letzten Mann zu halten. Von der Teufels- und der Robinsoninsel tasteten die Funkstellen Eckhardt und Wetthauer, daß sie nicht länger würden halten können. Sie erhielten Befehl, sich über den Lushisee nach Wershina zurückzuziehen, wo die 30. ID stand.

Die Direktverbindung nach Pustynka wurde immer schwächer. Die Meldungen von dort besagten, daß die rote Armee mit Panzern, Schlitten und Geschützen rund um die Ortschaft aufgefahren waren.

Es fehlte an allem und als am 26. Januar ein Flugzeug drei Versorgungsbehälter über dieser Ortschaft abwarf, wurden zwei problemlos geborgen. Der dritte, dessen Fallschirm nicht aufgegangen war, grub sich metertief in den Schnee und wurde nicht gefunden.

Bei Kalinez und Ljubetzkoje kämpften nur kleine Gruppen. So in Ljubinez eine sMG-Gruppe der 8./IR 501 mit 34 Soldaten eines Baubataillons zusammen. Als sich der Trupp vollständig verschossen hatte, traten 14 Mann (!) des Regiments-Radfahrzuges an, um die Ortschaft zu säubern. Allerdings wären sie der totalen Vernichtung anheim gefallen, wenn nicht buchstäblich in letzter Sekunde Männer der SS-Totenkopf-Division mit drei Panzern nach Ljubetzkoje vorgedrungen wären und den Feind hinausgeschossen hätten. Einem Pakzug gelang es, mit nur drei Pak die Ortschaft B. Sachod freizuschießen.

Der Verteidigungsigel Pustynka unter Lt. Becker hatte weitere Versorgung und Munition aus der Luft erhalten. Für diese Tapferkeitstat wurde Lt. Karl-Heinz Becker, der zuletzt das I./IR 503 führte, am 27.1.1942 mit dem Ritterkreuz ausgezeichnet. Diese Meldung aus dem Führerhauptquartier ließ Generalleutnant Wrede über Funk an die Besatzung von Pustynka funken (am 8. Februar 1942 ist Becker wegen Tapferkeit vor dem Feind zum Oblt. befördert, im Abwehrkampf um Pustynka gefallen).

Fünf Kampftage lang rannte die Rote Armee mit immer wieder

aufgefrischten Kräften gegen den Ostbalkon an, als plötzlich auch an der „Westfront" der Kampf entbrannte. Dieser zwang die Divisionsführung dazu, alle abgestellten Kräfte von der Ostfront zurückzufordern. Damit konnte das IR 503. Pustynka nicht mehr halten. Es war die Heeresgruppe Nord, die den Befehl gab, den Stützpunkt Pustynka zu räumen und sich auf Schkwarez zurückzuziehen.

Dies war leichter gesagt als getan, denn zwischen beiden Ortschaften standen kampfstarke russische Einheiten und Spähtrupps.

Generalleutnant von Wrede ließ den Feldwebel Gustav Kolander rufen. Er selbst hatte sich nach Schkwarez begeben, um diese Aktion zu leiten.

Als sich der Feldwebel, ein bekannter Stoßtruppführer der 3./IR 505, über Funk bei ihm meldete, sagte ihm der Divisionskommandeur: „Kolander, trauen Sie sich zu, die Besatzung heil zu uns nach Schkwarez durchzubringen?" entgegnete dieser: „Jawohl, Herr General."

„Dann stellen Sie sich in der Nacht zum 4. Februar bereit und treten um 23.00 Uhr zum Ausbruch an. Wir kommen Ihnen so weit wie möglich entgegen. Der ostwärts Schkwarez im Halbkreis aufmarschierte Feind hat ostsüdostwärts der Ortschaft eine schwache Stelle, dort brechen sie durch."

„Verstanden, Herr General!" antwortete der Feldwebel.

Danach stellte er seinen Zug zusammen. Vorn er selber mit dem Kompanietrupp und einem MG, sowie Handgranaten und einigen Dreikilo-Sprengladungen. Auf den Flanken die besten Schützen und ein kleiner Sicherungsring um die neun Verwundeten.

Der Ausbruch

Es war genau 23.00 Uhr, als Feldwebel Kolander den Befehl zum Abmarsch gab. So lautlos wie möglich zog die Abwehrgruppe, geführt von Lt. Becker, mit dem Ausbruchskeil unter Feldwebel Kolander an der Spitze und auf den Flanken, zunächst nach Südwesten. Am Ortsrand wurden zwei MG-Stellungen der Russen durch Kolander und den KpTrupp lautlos ausgeschaltet.

Dann ging es weiter. Nichts war zu hören, als das Schnurren der Schlittenkufen über den Schnee, auf den Schlitten die nicht gehfähigen Verwundeten.

Nach etwa 200 Metern stießen sie auf eine russische Nachschubeinheit, die das Feuer eröffnete. Kolander und seine Männer stürmten die Mulde und schossen den Feind hinaus, der sich nach Nordosten absetzte.

Weiter ging es und in immer neuen kurzen Schußwechseln gelang es ihnen, die russischen Einheiten, die sich in den Schnee eingegraben hatten, zu überwältigen. Drei Männer Kolanders wurden verwundet, konnten aber bei ihrem Feldwebel bleiben.

Sie trafen schließlich auf den südwestlichen Belagerungsring der Russen, schossen sich mit ihnen herum, konnten die genannte Schwachstelle finden. Hier ließ Leutnant Becker alles zum Durchbruch bereitstellen und die zurückhängenden Männer dicht aufschließen, bevor er die Leuchtpistole hob und den Doppelschuß Grün abfeuerte.

Sie setzten sich in Bewegung; die rechte Flanke der Gruppe Kolander schoß den von der Flanke angreifenden Feind zusammen und Kolander selbst brach die Schneise auf. Als sie voraus die ersten Leuchtkugeln der Gegengruppe sahen, ließ Kolander das Feuer stopfen und nur wenige Minuten später waren die Entkommenen von ihren Kameraden empfangen und zurückgeleitet, um sich in den Häusern der Ortschaft aufzuwärmen. Die Verwundeten wurden vom Sanitätskommando empfangen und sofort in der Sani-Baracke versorgt.

Mit Lt. Becker wurde Feldwebel Kolander zum Kommandeur geführt. Wortlos reichte Generalleutnant von Wrede dem kernigen Soldaten die Hand. Danach wurden Kolander vom Ajutanten die Oberfeldwebel-Schulterstücke angelegt.

Erst jetzt stellten die Männer fest, daß ihr Marsch durch die frost-klirrende Nacht vier Stunden gedauert hatte. Oberstleutnant Arnold Schenk gratulierte jedem der Zurückgekommenen und sprach ihnen allen seinen persönlichen Dank aus. (Er erhielt als Oberst und Kdr. des IR 503 am 25. September im Kessel von Demjansk das Deutsche Kreuz in Gold. Der neue Oberfeldwebel Gustav Kolander wurde mit dem EK I ausgezeichnet. Er erhielt am 3.11.1943 das Deutsche Kreuz in Gold).

Die 290. Infanterie-Division im Nordabschnitt der Ostfront

Allgemeine Übersicht

Es war der 2. Januar 1942, als in dem Fischerdorf Wswad die hier einquartierten Panzerjäger der 290. ID mit russischen Fischern und dem Gutsherren, in dessen großem Gebäude an einem Tisch saßen und von ihnen erfuhren, wie sich der Krieg in diesem Raum gestalten würde. Der Ilmensee würde ebenso zufrieren wie alle kleinen Seen und die große Sumpfwüste südostwärts von Staraja Russa.

Die Soldaten sahen an der Wand ein Gemälde, das ihnen zu denken gab. Auf einem mit zwei Pferden bespannten Panjeschlitten sahen sie Napoleon zusammengekauert hocken. Er war dicht in einen Pelz gemummt und fuhr, im aufwirbelnden Schneestaub, an vereisten Birken vorbei in die endlose gespenstische Winterlandschaft hinein.

Allen Soldaten drängte sich zwanghaft die Vergleichbarkeit der deutschen Wehrmacht mit der großen Armee Napoleons auf und wies zugleich darauf hin, daß diese Weiten Rußlands sich seit 1812 nicht geändert hatten und noch genau so unzugänglich waren wie immer.

Bis jetzt waren große Siege errungen worden, große Niederlagen bahnten sich an, und der Krieg weitete sich zum Weltkrieg aus, nachdem sich bald auch Amerika mit Deutschland im Krieg befinden würde.

Bis Ende 1941 hatten sich die deutschen Verluste auf 162.704 Tote, 33.334 Vermißte und 571.767 Verwundete erhöht.

Dazu kam, daß es vor allem im Osten und in den russischen Weiten an allem fehlte, was zum erfolgreichen Schlagen des Feldzuges, wie geplant, benötigt wurde. Es gab kaum Nachschub an Material und Munition. An Nachersatz war vorerst nicht zu denken. Die Ostfront hat sich im Norden derselben auf den Raum Tichwin abgesetzt und die Front zwischen Ilmensee und Finnischem Meerbusen verkürzt. Auf den Wolchow zurückgehend wurde Leningrad zum Nordostpfeiler der Heeresgruppe Nord. Leningrad aber, dies sei in die Erinnerung zurückgerufen, sollte nach dem Willen des Oberkommandos des Heeres im ersten großen Ansturm erreicht und handstreichartig genommen werden.

Dies erwies sich jedoch als eine der größten Enttäuschungen der deutschen Führung, denn diese Stadt wurde im Zweiten Weltkrieg nicht erobert und trotzte etwa 900 Tage lang allen deutschen Angriffen und der vollständigen Einkesselung und Belagerung.

Ohne auf die Befehle des Generalstabes des Heeres einzugehen, welche für die Heeresgruppe Mitte ein Zurückgehen bis in die Linie Rshew-Ostaschkow vorsah, womit dann der Seligersee zum Treffpunkt für den rechten Flügel der 16. Armee der HGr. Nord und dem ebenfalls rechten Flügel der zurückweichenden Heeresgruppe Mitte werden würde.

Rechter Flügel der 16. Armee aber – und deshalb hier diese kurze Einblendung – war das II. Armeekorps und links neben ihm das X. Armeekorps, dem auch die 290. ID angehörte.

Im Nordabschnitt der Ostfront hatte der Frost zu bisher unerhörten 50 Minusgraden geführt. Hinzu kam der Druck der im Januar 1942 versammelten feindlichen Streitkräfte, die seit eingangs Januar 1942 aus dem gesamten Abschnitt im Großraum des Ilmensees antraten und mit dem 7. Januar 1942 ihre Winterschlacht begannen, die sich zunächst um Staraja-Russa drehte.

Danach war der Sturm auf das II. deutsche AK und den Großraum Demjansk vorgesehen, der von Osten her,aus dem

Raume Ostaschkow südlich des Seligersees, von Norden gegen das X. AK im Ilmensee-Delta geführt wurde.

Nachdem die Rote Armee auch gegenüber der 18. Armee vor Leningrad Erfolge errungen hatte, entließ Hitler Generalfeldmaschall Ritter von Leeb und übergab die Führung der Heeresgruppe Nord an Generalfeldmarschall von Küchler.

Damit war es von Küchler, der die Befehlsgewalt auch über den Kessel von Demjansk ausübte.

(Was trotz des großen Mißtrauens der Obersten deutschen Führung gegenüber den Befehlehabern und Oberbefehlshabern (auch jene der Heeresgruppe Mitte wurden ja ausgewechselt) erstaunte, und jungen Lesern sicherlich unverständlich sein wird, war die Tatsache, daß alle Soldaten der Ostfront im Vertrauen auf ihre Führung im Felde weiterkämpften und den Glauben an ihre eigenen Führer, von Divisionskommandeur bis zum Gruppenführer, bewahrten. Nur so waren die Abwehrschlachten zu schlagen, nur so konnten sie den Druck eines über ein Jahr langen Eingeschlossenseins ertragen. Nur so waren sie alle – trotz eisiger Kälte , Verpflegungs- und Munitionsmangel, Verwundungen und Erfrierungen – optimistisch, daß sie es überstehen würden. Keiner konnte oder wollte seinen Nebenmann und Kameraden im Stich lassen.)

Es war die Panzerjäger-Abteilung 290, die Ende Dezember in der Ortschaft Wswad einzog und ihre Stellungen rund um die umliegenden Ortschaften Nowinka, Podborowka und Korpowo unterzogen.

Die in Richtung Feind ausgeschickten Spähtrupps auf Skiern fanden erstmals am 3. Januar 1942, dann aber vermehrt in den nächsten Tagen, einige wenige Spuren.

Der Landrat der russischen Gemeinde Wswas berichtete ihnen von Gerüchten, daß die Rote Armee am 6. Januar – dem russischen Weihnachtstage – angreifen würde.

Zur Erkundung wurde an diesem Tag ein Spähtrupp ausgeschickt. Dieser fand jedoch keine Spuren von stärkeren Feindbewegungen. Da dies eine gute Chance für ihn war, während der ruhigen Zeit an der Front auf dringenden Rat des Divisionsarztes den Erholungsurlaub anzutreten, fuhr

Oberstleutnant Ulrich Iffland, Kommandeur der Panzerjäger-abteilung 290 am 6. Januar in den Urlaub.

Für ihn übernahm Hauptmann Günther Pröhl die Führung der Panzerjäger. Er war bis dahin Chef der 3. /PzJägAbt. 290, ein erfahrener Offizier und Führer, der seine Männer kannte und wußte, daß er sich auf jeden einzelnen verlassen konnte.

Der Abendspähtrupp des 6. Januar stellte auf seiner Vorstoßroute eine Reihe verdächtiger Skispuren im Schnee fest. Im Flußwinkel zwischen der Lowatj und Utopolij konnten zwei Gefangene eingebracht werden. Ein verdächtiger Zivilist, der ohne Ziel unterwegs zu sein schien, wurde ebenfalls zurückge-bracht, er war in verdächtiger Nähe des eigenen Beobachtungs-Hochstandes 5 gefaßt worden.

Die Gefangenen sagten aus, daß sie die Tragfähigkeit der Eisdecken untersuchen sollten, weil am nächsten oder übernäch-sten Tag der Angriff hier beginnen werde.

Hauptmann Pröhl ließ die Wachen verstärken und Vorausposten einrichten. Die Nacht verging ereignislos. Der 7. Januar brach an. Der Ostwind hatte sich verstärkt. Er trieb den Schnee zu hohen Wächten auf, die sich binnen weniger Stunden so hoch und breit auftürmten, daß sie undurchdringlich waren. Selbst die Straße nach Staraja-Russa wurde so lahmgelegt. Alle draußen liegenden Stützpunkte waren abgeschnitten.

Mitten in der Nacht zum 8. Januar meldeten die Vorposten: „Etwa 4000 Meter voraus rote Leuchtkugeln." Wenig später erfolgte die zweite Meldung, die noch alarmierender war: „Vom Leuchtturm von Shelesno blinken Lichtsignale." Aus dem Karpowka-Hochstand meldete Leutnant Richter: „Drei Kilometer südostwärts Wswad starke Feindbewegungen in den Flußtälern zur Lowatj."

Leutnant Richter hatte zum Schutz seines Hochstandes ganze zwei Gruppen, eine von der Aufklärungsschwadron, die andere vom IR 502, zur Verfügung.

Die letzte Meldung, die dann jeden Zweifel beseitigte, kam vom Beobachtungsposten, der im Kirchturm von Wswad Stellung bezogen hatte:

„Kraftfahrzeuge mit offenem Licht aus Südosten direkt auf

Wswad. Dahinter dicht aufgefahrene Kolonnen."

Dies konnte bedeuten, daß der Feind bereits im Südosten im Begriff stand, an der 290. ID vorbeizustoßen.

Ein Spähtrupp der Aufklärungsschwadron wurde in diese Richtung geschickt. Als er den Hochstand Richter erreichte, peitschte ihnen von dort aus bereits Feindfeuer entgegen. In der Nähe der eigenen Beobachtungsstände bei Wswad, Korpowo und Podboroka wurden ebenfalls Feindkräfte erkannt. Die Sprechverbindung zum Hochstand Nr. 5 wurde unterbrochen. Vom Stützpunkt Wswad aus wurde dessen Besatzung zurückbefohlen.

Dies war unmöglich, denn der Feind zog bereits beiderseits am Hochstand 5 vorbei.

Leutnant Richter hatte mit seinen Männern den Hochstand verlassen und sich ins dicht verschneite Gebüsch zurückgezogen.

„Wir reihen uns in die russischen Kolonnen ein", befahl er, als die erste Feindgruppe vorbeizog. „Schneehemden dicht schließen, keine Geräusche, Kapuzen überziehen."

Sie warteten, bis sich der erste Feindpulk nach vorn etwa 50 Meter abgesetzt hatte. Als dahinter noch nichts zu sehen war, huschten sie aus dem Gebüsch in die Spur der vorangegangenen Russen und marschierten mit einigen Dutzend Metern Abstand mit. Zweimal wurden sie von der aufschließenden zweiten Staffel aufgefordert schneller zu gehen. Sie trabten brav weiter. Im Schutze der Finsternis marschierten sie mitten in der Russengruppe und als sie nur wenige hundert Meter an einer noch gehaltenen Stellung seitlich vorbeigingen, lösten sie sich aus der Marschgruppe, verschwanden im Schnee und zogen sich unbemerkt vom Feind von ihr zurück, um in den frühen Morgenstunden des 8. Januar den Stützpunkt Wswad zu erreichen.

„Mensch , Richter, das hätte ich Ihnen nicht zugetraut, so mit dem Iwan mit zu trotten und dann rechtzeitig auszubüchsen," wurden die Männer von Hptm. Pröhl empfangen.

Durch diesen nächtlichen Vorstoß zerrissen die Feindtruppen das dünne Band vom IR 502 zur Division.

Es war Generalleutnant von Wrede klar, daß hier eine Gefahr

heraufzog, die dem gesamten Kolpinkaabschnitt der 290. ID drohte. Und: daß nach rechts zum X. AK die Stadt Staraja Russa als Nachschubbasis des Korps und auch das II. Armeekorps unter General von Brockdorff-Ahlefeldt mit seiner 123., 12. und 32. Division, das rechts anschließend die Stellungen bis zum Seligersee hielt, vor dem Kollaps standen.

Falls es der Roten Armee gelänge, eine dieser großen Gruppen von den anderen zu trennen, mußte dies zu einer Katastrophe führen.

Dies waren die Erkenntnisse, die General von Wrede von seiner vorgeschobenen Kampfgruppe aus Wswad erhielt. „Kampfgruppe Wswad hält den Feind auf, splittert ihn bereits im Vorfeld auf und bindet ihn so lange wie möglich."

Der Kampfraum Wswad

Aus Norden, Osten und Süden griffen am Morgen des 8. Januar 1942 starke Feindkräfte, in Schneehemden getarnt, mit automatischen Waffen ausgerüstet, Wswad und Korpowo an. Bereits in den vordersten Stellungen wurde er von den Verteidigern mit MG-Feuer und Werferfeuer gestoppt und wich beiderseits um diese Stützpunkte seitlich aus, um weiter vorzugehen.Die direkt auf Wswad anrennende Stoßgruppe wurde mit MG-Feuer und Abwehrfeuer der Pak gestoppt. Der Kampf um die einzelnen vorgeschobenen Gehöfte wurde mit aller Erbitterung geführt.

Russische Salvengeschütze eröffneten dicht vor den eigenen Truppen das Feuer. Die Russen brachten auf Schlitten sechs schwere Granatwerfer nach vorn, welche alle Fernsprechverbindungen zu den drei übrigen Dörfern unterbrachen und auch die Haupt-Verbindungslinie zur Division zerschnitten. Allein die Verbindung zur 18. ID in Staraja Russa blieb erhalten. Die Kampfgruppe Wswad wurde der 18. ID unterstellt. Die ersten Gefangenen zeigten, daß es an dieser Stelle überwiegend das I. Bataillon des Schützenregiments 140 der Russen war, die von Osten angriffen, während der Rest dieses Regiments auch von Süden her angriff. Im Norden griff das 71. Sowjetische

Ski-Bataillon an. Ihm war es gelungen, die bereits genannten sechs Granatwerfer mitzuführen. Außerdem brachten diese Truppen 27 MG auf Schlitten mit. Seine weitere Ausrüstung bestand nach Aussagen eines gefangenen Leutnants aus 135 Maschinenpistolen.

Die Besatzungen der Dörfer Korpowo und Podborowka wurden nach Wswad hinein befohlen. Auch die Aufklärungsschwadron unter Oblt. Mundt erhielt Befehl, sich auf Wswad zurückzuziehen und dort die Verteidigungskräfte zu stärken.

Alle nach Wswad gezogenen Truppen unterstanden Hptm. Pröhl. Er hatte schließlich ein Konglomerat an allen Verbänden seiner Division um sich versammelt. Die Gesamtzahl der Verteidiger belief sich dennoch nur auf 543 Mann. Oberleutnant Baechle, der Ordonnanzoffizier des Stabes, kennzeichnete die Lage als „ernst, aber nicht hoffnungslos." Die Stimmung, so berichtete er der Division, „war erhoben und der Kampfgeist entschlossen bis zum Letzten."

Als am Abend dieses ereignisreichen 8.1.1942 von der Division aus über Funk die Munitionszufuhr per Flugzeug zugesagt wurde, fand niemand etwas dabei, daß die Division nach Mitternacht drei weitere Worte über Funk mitteilte: „Stützpunkt weiter halten!"

Die Unterschrift darunter lautete einfrach „Wrede".

Die russischen Kämpfer versuchten bis zum Morgen weiter durchzukommen und erlitten weitere schwere Verluste an Verwundeten und Toten. Die Häuser von Wswad standen in Flammen und nordwestlich des Waldes stellte sich der Feind erneut zum Angriff bereit.

Der Spähtrupp Obermeier konnte diese Bereitstellung genau lokalisieren und den Standort über Funk melden.

Mit dem zusammengefaßten Feuer der Infanterie-Geschütze, der wenigen Pak und MG konnte der Feind in seiner Bereitstellung derart schwer getroffen werden, daß aus dieser Angriffsposition kein Sturmlauf erfolgen konnte.

Mit Tagesanbruch des 9. Januar konnten die in ihren Stellungen liegenden Verteidiger die schwarzen Flecke im Schnee deutlich erkennen, wo der nächtliche Feuerkampf den russischen Angriff vereitelt hatte.

Dann aber brachten zwei Spähtrupps, in Schneehemden nicht zu erkennen, die nächste Hiobsmeldung:

„Die Russen stellen sich wieder bereit. Sie wollen diesmal aus dem Winkel zwischen der Lowatj und Karpowka, beim alten Hochstand antreten."

Die MG wurden umdisponiert und legten sich diesem Startplatz des Angriffs vor. Als die Russen wenig später angriffen, wurden sie von einem dichten Kugelhagel empfangen und verloren im ersten Sprung aus ihren Löchern einen Teil der Angreifer. Sie stellten auch diesen Angriffsversuch sofort wieder ein.

Eine Stunde später tauchten die ersten Transportmaschinen des Typs Ju 52 und einige wenige He 111 über dem Gefechtsfeld auf und wurden durch Fliegersichttücher eingewiesen.

In den abgeworfenen Versorgungsbehältern wurden die so dringend benötigten Panzergranaten und vor allem auch Infanterie-Munition abgeworfen. Alle Behälter konnten geborgen werden.

Der kampfstarke Spähtrupp der Aufklärungsschwadron stieß entlang einer Waldbürste nach Süden vor, wurde beim Überqueren einer offenen Fläche von Feind-MG gestoppt und mußte sich wieder in die eigene Igelstellung zurückkämpfen, wobei flankierend am anderen Ende des Waldstreifens russische Stoßtrupps das Feuer eröffneten. Diese wurden durch schnelle MG-Salven vertrieben.

Der eigene Stoßtrupp kehrte mit nur zwei Verwundeten wieder zurück.

Wenig später ging ein weiterer Funkspruch der Divisionsführung ein:

„Der tapferen Besatzung meine volle Anerkennung. Von Wrede."

Es wurde etwas „wärmer", wenn man bei diesen Kältegraden von „Erwärmung" sprechen wollte. Dennoch wurde das Abflauen des tiefen Frostes dankbar begrüßt. Als dann gegen Mittag, durch die veränderten Lufttemperaturen dicker Nebel aufstieg und die Sicht auf nurmehr 20 Meter herabsetzte, wurden stehende Spähtrupps eingesetzt, um nicht vom Feind überrascht zu werden.

Der benachbarten 18. ID., die nachfragte, wie die Lage beim

Feind denn nun sei, konnten keine definitiven Antworten gegeben werden, denn der Nebel hatte sich zu einer dicken undurchdringlichen Wand verdichtet. Da auch der Feind sich nicht traute, seine eigenen Stellungen durch Feuer zu verraten, blieb es still, was das Unbehagen sicherlich auf beiden Seiten verstärkte.

Als Antwort auf den FT-Spruch der 18. ID wurde um weitere Munitionszuführung gebeten. Hauptmann Pröhl hatte seine Zugführer um sich versammelt, um die nächsten Maßnahmen zu besprechen. Es waren die Leutnante Bruno Voß und Matthiesen, sowie Oberfeldwebel Rudi Schwartz. Hauptmann Günther Pröhl ahnte noch nicht, daß ihm am kommenden Tage, dem 10.1.1942, das Ritterkreuz verliehen werden würde, das der Divisionskommandeur für diesen tapferen Soldaten beantragt hatte.

Die Zugführer meldeten alle Panzerjäger einsatzbereit und betankt, sowie aufmunitioniert. Der Feind wurde erwartet, und alle waren zuversichtlich, ihn hier abschmieren zu können.

Es galt, so Hptm. Pröhl, die 12 im Igel liegenden Schwerverwundeten so rasch wie möglich auszufliegen. Dies aber war nur mit dem Fieseler Storch möglich.

Mit diesem „Storch" sollten denn auch Leuchtspurgeschosse und Sprenggranaten herangeschafft werden, denn die Versorgung würde – bei einem größeren russischen Angriff nur bis zum nächsten Tage reichen.

Noch in der Nacht wurde alles Erbetene von der 18. ID über Funk zugesagt. Ein besonderes FT ging vom Kommandierenden General des X. AK, General der Artillerie Hansen, durch dessen Chef des Generalstabes, Oberst im Generalstab Hans-Joachim von Horm, an den „Igel":

„Anerkennung für heldenhaften Einsatz bei der Erfüllung eures wichtigen Auftrages. Weiter Glück und Erfolg." Hans-Joachim von Horn erhielt am 1. Dezember 1943 das Deutsche Kreuz in Gold. Er führte derzeit als Generalleutnant die 198. ID, wurde Militärattaché in Bern und war einer der ersten Offiziere, die sich eingangs 1956, inzwischen im 60. Lebensjahr stehend, dem Aufbau der Bundeswehr zur Verfügung stellten. Als Befehlshaber im Wehrbereich II und seit Herbst 1957 als

Befehlshaber der territorialen Verteidigung brachte er es zum Generalleutnant und erhielt das Große Bundesverdienstkreuz des Verdienstordens der Bundesrepublik Deutschland.

Am 30.6.1960 wurde er pensioniert. Er starb im Jahre 1990 im 94. Lebensjahr, als einer der wenigen deutschen Soldaten, die im Ersten Weltkrieg, nach Kriegsende in der Reichswehr und dann in der deutschen Wehrmacht gedient hatten und zum Abschluß ihrer soldatischen Laufbahn noch bei den jungen Soldaten und Offizieren der Bundeswehr für deren reibungslose Aufstellung gesorgt hatten.

Seit seinem Eintritt als Fahnenjunker in die kaiserliche Armee am 1.8.1914 war er 46 Jahre Soldat gewesen.

General Christian Hansen hatte bereits am 3. August 1941 als Kommandierender General des X. AK, das er bis zum November 1943 führte, bevor ihm die Führung der 16. Armee übertragen wurde, das Ritterkreuz des Eisernen Kreuzes erhalten. Am 2.4.1943 wurde auch ihm das Deutsche Kreuz in Gold verliehen. Doch zurück zum Geschehen bei Demjansk.

Endkampf um Wswad

Als die Nachricht im Igel von Wswad einging, daß die spanische 250. ID unter ihrem Kommandeur Emilio Esteban-Infantes (Ritterkreuz am 3.10.1943 als Kommandeur der 250. „Blauen Division Spaniens) eine erfahrene Pionierkompanie dorthin in Marsch setzen werde, wußten die dort verteidigenden Soldaten, daß man auf sie hoffte und der Feindangriff des 10.1.1942 wurde mit Ruhe erwartet und – als er dann erfolgte – abgewiesen. Allerdings blieb die eigene Beobachtungsposi-tion auf dem Kirchhof unter ständigem Granatwerfer-Beschuß, bis es einem Stoßtrupp gelang, in der kommenden Nacht handstreichartig diese russische Werferstellung mit Handgranaten und geballten Ladungen zu zerschmettern.

Als mit dem hellen Morgen die ersten Flieger auftauchten und die an Fallschirmen hängenden Behälter mit Munition abwarfen, explodierten sie allesamt beim Aufschlag, weil die Maschinen zu tief geflogen waren und die Fallschirme sich noch nicht voll geöffnet hatten.

Das war ein Desaster, das hätte verhindert werden können. Aber es war nun einmal geschehen. Als die versprochene spanische Pionierkompanie immer noch nicht eintraf, stellte sich die Lage nicht mehr so günstig dar. Darüber hinaus hatte die Igel-Besatzung noch die Sorge um den Abtransport des inzwischen auf 22 Schwerverwundete angewachsenen „Lazaretts" zu tragen. Und vom zugesagten Fieseler Storch war noch immer kein Lebenszeichen gekommen.

Die einzige Rettung boten die bei den Russen erbeuteten Waffen und deren Munition. Jeder Mann der Stützpunktverteidigung war mit russischen Beutewaffen ausgestattet. Pelzmützen und Filzstiefel wurden den gefallenen Russen ausgezogen. Erst damit hatte die Stützpunktbesatzung eine weitere Sicherheit vor Erfrierungen erhalten.

Hauptmann Pröhl ließ die beiden Funksprüche der Divisionen und jenen des X. Armeekorps mit folgender Antwort erwiedern: „Fester Entschluß zur treuen Pflichterfüllung bei jedem einzelnen Mann, aber schickt

Erbsen, Bohnen, Reis, Tee und vor allem Munition, denn der Feind läßt nicht nach."

Die B-Stelle im zerschossenen Wswader Kirchturm stand noch immer dort auf Posten. Sie meldete jede gesichtete Feindkolonne die sich dem Redjafluß näherte und von dort aus nach Wswad einschwenkte, um im Tal des Polistj weiter vorzugehen.

Dort, nahe dem aufgegebenen „Hochstand Nr. 5" stand das IR 502 im Abwehrkampf. Als am nächsten Morgen, es war der 11. Januar 1942, aus der Ilmenseebucht Tuleblasij Signale aufleuchteten, hoffte man, daß diese von der zugesagten spanischen Pionierkompanie kommen würden, aber noch war es nicht soweit.

Der Angriff der Russen aus den vorgeschobenen Stellungen und Kampfnestern begann ein weiteres Mal. Es war gegen Mittag, als die Russen an dieser Stelle das erstemal Brandgeschosse einsetzten, die funkensprühend in die Holzhäuser von Wswad hineinschlugen und sofort alles in Brand steckten. Offenbar wollten die Russen damit die Unterkünfte der Verteidiger zerstören. Und

ohne Unterkünfte war in der grimmigen Kälte nicht lange auszu-
halten.

Am Mittag traf dann die lange erwartete Nachricht von der
18. ID ein, daß die Kameraden Staraja Russa trotz stärksten russischen Artilleriefeuers gehalten hatten. Man werde, so die
18. ID, halten, bis Verstärkungen eingetroffen seien.

Unmittelbar mit dem letzten Tageslicht tauchten Flugzeuge über
Wswad auf. Sie brachten die erbetene Verpflegung und
Munition, von den sechs Behältern wurden zwei wieder zu tief
geworfen und explodierten beim Aufschlag auf dem Boden.

General von Wrede und General Hansen gratulierten über Funk
dem neuen Träger des Ritterkreuzes, Hptm. Pröhl. Dazu wurde
eine Flasche französischen Cognacs – unzerbrechlich verpackt –
gefunden und jeder Gefechtsstand erhielt ein Gläschen zum
Nippen.

Hauptmann Pröhl, seit der völligen Einkesselung durch die
Russen der 18. ID unterstellt, hatte versucht, die brennenden
Katen des Dorfes im Zusammengehen mit den noch immer darin
wohnenden russischen Menschen zu löschen. Doch die Stroh-
und Schindeldächer wurden ein Raub der Flammen, und das
Dorf brannte völlig nieder. Unter den verbrannten Gebäuden
auch das Krankenrevier und die beiden Krankenwagen.

Die Zahl der Verwundeten, die dringend abtransportiert werden
mußten, hatte sich auf 28 erhöht. Jeder der Leichtverwundeten,
der eine Waffe halten konnte, blieb im vollen Einsatz. Es konnte
kein einziges Gewehr entbehrt werden.

Die große Sorge aber, daß auch die 190. ID von den Russen über-
rannt werden könnte und damit jeder Funke auf Rettung
geschwunden sein würde, erwies sich als unbegründet. Von der
Division kam der Funkspruch: „Alle alten Stellungen fest in
unserer Hand. Pionierkompanie stecken geblieben."

In den ersten Morgenstunden des 12. Januar ließ der
Oberbefehlshaber der 16. Armee einen Funkspruch an Hptm.
Pröhl tasten:

„Ausspreche Anerkennung und Glückwünsche zur
Auszeichnung mit dem Ritterkreuz. Besonderen Respekt für die
Leistungen Ihrer Männer! gez. Busch, Generaloberst."

(Ernst Busch hatte am 26.5.1940 als General der Infanterie das Ritterkreuz erhalten. Als 274. deutscher Soldat wurde er am 21.8.1943 mit dem Eichenlaub zum Ritterkreuz ausgezeichnet, nachdem er bereits seit dem 1. Februar 1943 den Marschallstab trug. Im Oktober 1943 übernahm er dann als Oberbefehlshaber die Heeresgruppe Mitte).

Ununterbrochen paukte das russische Artillerie- und Werferfeuer auf die vermuteten deutschen Stellungen um Wswad und Umgebung herunter. Flugzeuge warfen in einem Sonderbehälter das Ritterkreuz für Hptm. Pröhl ab. Anstelle der erbetenen Sprenggranaten aber wurden nicht zu verwendende Flakgranaten abgeworfen.

Da auch einige Richtschützen der Panzerjäger ausgefallen waren, trat eine kurzzeitige Krisenlage ein, die durch freiwillige Kameraden, die sich einigermaßen auskannten, beseitigt wurde. Dennoch wurden einige Richtschützen angefordert. Sie sollten mit den „Störchen" gebracht werden, welche die Verwundeten auszufliegen hatten.

Hier ein Auszug aus dem Kriegstagebuch der eingeschlossenen Soldaten:

17.00 Uhr	Bau einer Blende aus Schulbänken und Heu, da der Feind in die Lücken der ausgebrannten Straßen einsieht.
17.45 Uhr	Funkspruch der 18. ID: Bei Staraja Russa 14 Feindpanzer vernichtet.
19.00 Uhr	Anforderung von Munition und Verpflegung. Verletzte Pferde und Kühe werden geschlachtet. Sie strecken den Vorrat um einen ganzen Tagessatz. Kartoffeln fehlen.
19.20 Uhr	Ein gefangener Politruk wiegelt die Gefangenen auf und hetzt zum Widerstand.
22.00 Uhr	Anfrage nach einer Landefläche für einen Schneekufen-Storch. Erforderlich 30 x 200 Meter. Antwort darauf: Auf dem Podborowkafluß hart nordostwärts Wswad Sichtzeichen ausgelegt.
23.00 Uhr	Feind schiebt Verstärkungen über den Polistj nach Süden. Starke Spähtrupps der Russen versuchen bis in die Morgenstunden, Einbruchstellen zu erkunden. Temperatur: 35 Grad minus. (Siehe: Tagebruch der 290. ID und Veröffentlichungen in ALTE KAMERADEN)

In der Nacht zum 15. Januar 1942 brachen rote Sturmtruppen im Süden des Igels mit Panzern durch die schüttere Abwehrfront. Einer der Panzer erreichte Wswad bis zum Abteilungsgefechtsstand und drehte dann vor dem deutschen Abwehrfeuer ab. Als die Panzer den Südausgang wieder erreichten, hatten hier die Panzerjäger und Pak ihre Stellungen bezogen und schossen den einen durchgebrochenen T 34 ab.

Im Raume Podborowka und bei Korpowo stellten sich weitere russische Panzerrudel bereit.

Am nächsten Morgen traf endlich der Fieseler Storch in Wswad ein. Zur Unterstützung der Ärzte wurde Assistenzarzt Dr. Günther aus Dno eingeflogen. Er brachte Sanitätsgerät, Medikamente und Morphium für die Schwerstfälle mit. Die ersten Schwerstverwundeten wurden mit diesem Storch ausgeflogen.

Nachdem dann die 18. ID von einer Verbesserung der Lage gesprochen hatte, ging ein Funkspruch des Oberbefehlshabers des Heeres an alle Truppen im Großraum Demjansk ein:

„Entsatz in kürzester Zeit nicht möglich. Es wird freigestellt, Wswad zu räumen, wenn die Gefahr der Vernichtung größerer Teile oder der ganzen Besatzung besteht."

Inzwischen war die Situation geklärt. Wswad war 16 Kilometer tief umgangen und stand als Igel allein auf sich gestellt im Angriffswirbel der Russen.

Zwei russische Flugzeuge – leichte Bomber – warfen mehrere Stunden lang ihre Bomben auf Wswad ab. Ein Minenleger-Wagen der Pioniere geriet in Brand, seine Munition und Sprengmittel explodierten und rissen eine Anzahl Häuser weg.

Die Bombardierungen dauerten von 21.00 Uhr des 14.1.1942 bis 06.00 Uhr des 15.1. an. Jede Stunde warfen die beiden Bomber 14 Spreng- und 33 Brandsatzbomben ab. Wswad starb.

An diesem Tage kam einer der wenigen Fieseler Störche nach Wswad durch und brachte Munition, um zwei weitere Schwerverwundete zu bergen.

Da die Bomber sich immer tiefer herunter wagten, wurden einige 2 cm-FlaMW zur Abwehr derselben im JU 52-Einsatz angefordert. Gleichzeitig sollte diese Ju 52 18 Schwerverwundete mit zurücknehmen.

Darüber hinaus wurde wieder um Brot und Reis gebeten, nach Munition verlangt und um die Rettung der nunmehr 43 Verwundeten gebeten. Aber die Fliegerunterstützung war „durch die Wetterlage bedingt" nur eingeschränkt möglich. Allerdings konnten die russischen Flugzeuge bei beinahe jedem Wetter fliegen.

Der Frost stieg von zirka 40 auf bis zu 50 Grad. Eisige Schneestürme peitschten über die zugefrorene Sumpf- und Seenfläche. Hier stand der „General Winter" gegen die in Sommermonturen kämpfenden deutschen Soldaten. Schutz für Mund, Nase und Gesicht, Leib und Beine wurde selbst angefertigt und geschneidert.

Und immer noch hielten einige Dutzend russische Bewohner der Ortschaft als Bürgerwehr auf deutscher Seite aus.

Am 18. Januar 1942 begann der 11. Tag im Ringen um das nackte Überleben. Die 18. ID konnte die Abwehr eines russischen Reiterregiments, das auf Staraja Russa angesetzt war, melden.

An diesem Tag und dem folgenden Morgen des 19.1.1942 warteten die Verteidiger von Wswad vergebens auf die Luftunterstützung, erst kurz vor Mittag warf eine einzelne deutsche JU 52 ihre Behälter mit Nachschub und Verpflegung ab. Kurz darauf griffen fünf IL 2-Schlachtflieger und einige Jäger im Tiefflug Wswad an. Panzer rollten vor das Dorf und schossen mit Spreng- und Brandbomben hinein.

Dennoch gelang es dem Fieseler Storch, in einer Feuerpause in Wswad zu landen, Versorgungsgüter zu bringen und zwei weitere Verwundete auszufliegen. Aber noch 45 weitere warteten auf ihre Rettung. Dann brach der Sturm der sowjetischen Verbände los.

Es war die Nacht zum 20. Januar, als ein Feuerschlag einer 18 cm-Batterie der Sowjets den Angriff „einläutete". Sie schossen aus dem nahe gelegenen Dorf Tschertizkoje. Als das Feuer verstummte, griffen russische Panzer mit aufgesessener Infanterie und nachfolgenden Schützen an. Die besetzten, noch nicht abgebrannten Saunen und der große Kolchosschuppen von Wswad wurden von russischen Sturmtruppen berannt.

Hier kam es zu wechselnden Nahkämpfen, die sich zu unvorstellbarer Grausamkeit ausweiteten. Denn hier galt nur eines: „Du oder ich!" Wer auch nur einen Sekundenbruchteil zögerte, der wurde von den Waffen seiner Gegner niedergemäht.

Obergefreiter Storck war es, der einige Russen, die mit Handgranaten und Sprengmitteln diesen großen Schuppen an der Südseite angriffen, mit drei Magazinen in drei langen Feuerstößen niederstreckte. Mit Donnergetöse detonierte nur eine Sprengladung dieser Angriffsgruppe, ohne Schaden anzurichten.

Stork erhielt das EK I., er fiel eine Woche später in den folgenden schweren Kämpfen.

Acht Stunden lang tobte der Nahkampf. Es gab Szenen, die zu beschreiben sich die Feder jedes Menschen sträuben würde. Es gab den Kampf uns nackte Überleben zu beinahe jeder Sekunde dieses achtstündigen Ringens.

Hier waren es die Obergefreiten Karls und Carstens vom Nachrichtenzug der Sturmgeschütz-Panzerjäger-Abteilung 290 und Unteroffizier Halm von der 1./PiBatl. 290, die mit ihren geringen, aber doch durchschlagenden Sprengmitteln zwei Panzer im Nahkampf vernichteten, die aufgesessene Infanterie von den Stahlkolossen hinunter schossen und zwei weitere Feindpanzer derart beschädigten, daß sie abdrehten und ihr Heil in der Flucht suchten. Der Gefreite Kranz vom Stab des PiBatl. 290 und Lt. Mathias, Führer des Nachrichtenzuges PzJäg. Abt. 29 taten ein übriges, um den Feind das Fürchten zu lehren und ihn schließlich fliehen zu lassen.

17 Tote und 72 Verwundete waren die endgültige Zahl der Verluste in diesen Tagen bei und in Wswad.

Die russischen Panzer waren über die deutschen Kampfstellungen hinweg gerollt und hatten sie zusammengewalzt.

Wieder einmal wurden die Funkgeräte strapaziert: „Wswad ist nicht mehr ein Dorf, sondern nur noch ein Kampffeld." „Wir hielten und werden weiter halten!" „Ihr seid Ansporn für uns alle!"

Die 18. ID von der linken und die 290. ID von der rechten Flanke dieses Verteidigungskampffeldes meldeten ihre Erfolge oder Mißerfolge und: daß Staraja Russa immer noch in deutscher Hand sei.

Es war einem Fieseler-Storch-Piloten vorbehalten, eine wichtige Meldung von seinem Flug nach Wswad und zurück mitzubringen:

„Die angreifende 11. Sowjetische Armee stieß mit ihrem I. und II. Gardekorps an Staraja Russa vorbei und schob sich westlich des Lowatj stetig nach Süden in die Westflanke und Rücken des X. Armeekorps hinein.

Die 34. Sowjetarmee drückt auf die Eisenbahnlinie Staraja Russa-Waldai im Raume der 30. ID und bindet dort alle Kräfte der 30. ID, der SS-Division „Totenkopf" und der 12. ID.

Die 22. und 53. Sowjetarmee bedrängen von Osten her angreifend, südlich des Seligersees die 123. ID sehr hart, die am rechten Flügel des II. Armeekorps steht. Sie schwenken nach Norden ein und damit ihrer 11. Armee entgegen.

Die beiden deutschen Korps werden von einer Feindzange von unvorstellbarer Gewalt und mit einem ungeheuren Tempo trotz aller Witterungserschwerniss auch für Russen, umschlossen."

Rückzug aus Wswad

Als schließlich die Männer der in Wswad kämpfenden Gruppen mehr und mehr Verluste erlitten und zudem die Versorgung aus der Luft unzureichender wurde, wartete der Kampfkommandant von Wswad immer noch ab, um jeden noch möglichen organisierten Widerstand leisten zu können, damit die anderen Einheiten und Verbände zu entlasten und das Seinige zum Halten der Front beizutragen.

Erst als kein wirkungsvoller Widerstand mehr möglich war, entschloß er sich zur Aufgabe von Wswad.

Zwei Wochen hatten die Männer um Hptm. Pröhl ausgehalten, als dieser Befehl gegeben wurde. Die Marschkolonnen wurden in Spitze, Vorhut, Groß- und Nachhut gegliedert.

Zuvor aber landete der Storch noch einmal und nahm den neunten und zehnten Schwerverwundeten auf, um sie ins Lazarett zu schaffen. Zwei weitere Schwerverwundete mußten mit der Ausbruchskolonne mitgeführt werden. Auf Schlitten verpackt und von zwei Gruppen Kämpfern eskortiert, reihten sie sich in der Mitte des Ausbruchsverbandes ein. Danach blieb den Männern um Hptm. Pröhl noch die letzte Pflicht, die 17 aufgebahrten Toten am Hause Olga beizusetzen. Dieses Grab wurde der Obhut des Bürgermeisters von Wswad übergeben. Die ins Kirchenschiff gebrachten Gefangenen wurden von den Männern der Ortswehr bewacht.

Als ein deutsches Flugzeug noch einmal Versorgungsgüter und Verpflegung abwarf, war die Täuschung, daß hier weiter gehalten werden sollte, vollständig.

Eine Stunde vor Mitternacht setzte sich der Ausbruchszug in Bewegung. Eine Stunde vorher wurden die brauchbaren, aber zurückzulassenden Waffen und Geräte zerstört. Alle überflüssigen Fahrzeuge und vor allem die Akten (mit Ausnahme der Wehrpässe) wurden vernichtet. Dann brachen die Spähtrupps auf, es waren Kameraden des Vorkommandos des Kradschützen-Bataillons 38. Ihnen voraus freiwillige Männer der Ortswehr, die jeden Weg und Steg kannten.

Zehn Minuten darauf setzte sich die Gruppe unter Oberfeldwebel Feuer in Bewegung. Er führte die eine Kompanie des Kradschützen-Bataillons. Als dritte Gruppe folgte jene unter dem Kommando eines Oberleutnants der Panzerjäger-Abteilung. Mit ihm und unter seinem Kommando stehend die Züge Beisinghof, Willig und Voss.

Das Gros wurde von Hptm. Pröhl geführt. Es bestand aus dem Zug Schlünz, dem Nachrichtenzug Wellhöfer, dann folgten die Schlitten mit allen Verwundeten und Kranken, die Kp. Gühle von Wach-Bataillon 615, die Flugmelde-Kp.Schneider, die Bürgerwehr und der Zug Petschulat.

Leutnant Richter führte die Nachhut mit dem Zug Steves sowie dem II. Zug der Aufklärungsschwadron unter Lt. Richter. Ein letzter Funkspruch wurde mit Aufbruch der Vorhut an die 18. ID abgesetzt:

„Durchbruch beginnt!" Leuchtsignale in der Folge Grün – Weiß –

Rot!"

Es ging nordwärts ins Tal der Lowatj hinein und hindurch weiter. Wie an allen Tagen vorher schoß die Nachhutgruppe Störfeuer, um die Russen zu täuschen.

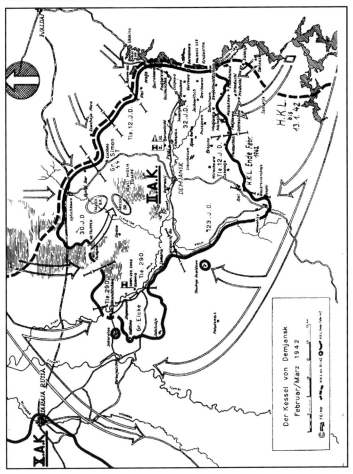

Der Kessel von Demjansk - Februar-März 1942

Alle Wege und Pfade waren tief mit Schnee zugeweht. So konnte es nicht ausbleiben, daß sich die Schlitten mit den Verwundeten festfuhren. Die ziehenden Pferde und die helfenden Männer waren nach kurzer Zeit des Ziehens und Schiebens erschöpft. Dennoch ging es weiter, bis die Nacht verging, mußten sie es geschafft haben.

Sechs Stunden währte der Marsch durch die Nacht, die ersten Männer sackten in den Schnee und fielen in den Schlaf der totalen Erschöpfung. Die Glieder, bis zu den Nerven erfroren, versagten den Dienst.

Hier waren die Führer und Ärzte gefragt, die sie unerbittlich immer wieder hochtrieben und sie so ins Leben zurückholten. Sie pendelten an der Kolonne entlang, von vorn nach hinten und wieder nach vorn. Von ihnen hing das Leben Hunderter Kameraden ab und noch war der Weg zum rettenden Ufer in Ushin weit.

Als der Morgen dämmerte, waren sie bereits die 12. Stunde unterwegs. Der Weg ging nun direkt nach Westen. Das gesamte Gelände lag unter einer undurchdringlichen Schneedecke, aus der kein einziges Merkmal herausragte, nach dem man sich hätte orientieren können. Einzig der Kompaß und die schließlich sichtbar werdenden Sterne erlaubten eine annähernde Standortbestimmung. Dann waren auch die Kompasse vereist und gefroren.

Es war 08.00 Uhr des anderen Morgens, als die Geretteten bei Ushin das Land sahen, das rettende Ufer wurde erreicht, und Minuten später stießen sie auf die Postenkette eines Polizei-Regiments, und dann wurden sie von den Männern der 250. „Blauen" Division der spanischen Freiwilligen begrüßt. Sie hatten es geschafft!

Es waren nach dem Aufbruch am vorangegangenen Abend 14 Stunden vergangen, in denen sie 25 Kilometer durch eine Schnee- und Eiswüste zurückgelegt hatten.

Die Verwundeten und unter Erfrierungen leidenden Männer wurden sofort versorgt. Am Abend bezog der gesamte Kampfverband im nahen Borissow Quartiere. Die unterstellten Teile brachen am nächsten Morgen zu ihren Divisionen auf und der übriggebliebene Verband unter Hptm. Pröhl zog in einem

Dorf südostwärts von Schimsk zur Verfügung der 16. Armee unter, um bei Gefahr zur Sicherung des südlichen Ilmensee-Ufers eingesetzt zu werden.

Nun erst erfuhren sie, daß seit dem 7. Januar 1942 jene Winterschlacht der Roten Armee tobte, die zur Bildung des Kessels von Demjansk führte, von dem sie ebenfalls erfuhren. Sie selber hatten im Kampfraum Wswad den ersten Prellbock an der Flanke dieser russischen Großoffensive gebildet und dazu beigetragen, daß sich der Feind nicht in einem einzigen Durchmarsch aller kleiner Stützpunkte und befestigten Plätze bemächtigen konnte. Damit war die Chance gewahrt, die Heeresgruppe Mitte vor einer tödlichen Umklammerung zu bewahren und ihre Vernichtung zu verhindern.

Allerdings war dieser kleinen Kampfgruppe jeder Weg zur eigenen Division wie auch zum II. und X. Armeekorps versperrt. Die sowjetische Stoßrichtung der durchgebrochenen Armeen zielten direkt auf Cholm, und Cholm lag etwa 100 Kilometer hinter jener Front, welche die Kampfgruppe Pröhl verteidigt hatte.

Am Ilmensee – so die Nachrichten, die die Männer erreichten – drohte die Verbindung der Heeresgruppe Mitte zur Heeresgruppe Nord zu zerreißen.

Was war im Zentrum dieses russischen Taifuns geschehen? Wie hatte es genau dort begonnen und welche Maßnahmen waren von der Obersten Führung veranlaßt wurden, um diese kritische Lage zu bereinigen?

Das II. Armeekorps in Demjansk

Bei der 32. Infanterie-Division

Im Rahmen der ostwärts Demjansk eingesetzten Verbände des II. Armeekorps unter General der Infanterie, Walter Graf von Brockdorff-Ahlefeldt war die 32. ID der am weitesten nach Osten vorgestaffelte Verband der Heeresgruppe Nord. Von Ende Oktober 1941 bis weit in den November hinein, hatte die

Division nur in gegenseitigen Späh- und Stoßtrupps Feindberührung. Erst der am 26.11. beginnende Angriff der Roten Armee, der bis zum 30.11. anhielt, stellte die Division wieder vor eine schwere Aufgabe. Sie hatte die lediglich in Stützpunkten eingesetzten Soldaten des IR 96 auf der Halbinsel Ossinuschko in den Stützpunkten „Pommern", „Schneidemühl", „Tafelhöhe", „Kegelberg" und anderen kleineren Verteidigungsstellen eingesetzt.

Hier griff die Rote Armee mit Panzerunterstützung durch die Enge bei Welje an. (Siehe Kartenskizze)

Als es den Russen gelungen war, den „Kegelberg" im Sturm von zwei Seiten zu gewinnen, wurden Teile des IR 94 zum Gegenangriff angesetzt. Es gelang den pommerschen Soldaten in einem mehrstündigen Kampf die letzten Schutzlöcher und MG-Stände zurück zu gewinnen und die Höhe nunmehr eisern zu halten.

Bereits am 26.11. griff der Feind mit drei Bataillonen an. Es gelang ihm, bis auf wenige Dutzend Meter an die einzelnen Stellungen heranzukommen, bevor sie mit Handgranaten und MG gestoppt wurden. Hier erlitt der Feind schwere Verluste. Es wurden weit über 400 gefallene Russen vor den Stellungen gezählt. Beim IR 95 waren es sogar 420 gezählte Feindtote.

Danach stellte der Feind weitere Angriffe ein, und erst Mitte Dezember wurden durch Spähtrupps Angriffsvorbereitungen bei der direkt gegenüber liegenden 34. Sowj. Schützendivision erkannt. Diese wurden mit der Divisionsartillerie und der Artillerie des II. AK zerschlagen.

Die Kälte hatte inzwischen in voller Stärke eingesetzt und die Stellungen, die mit Unterständen und Bunkern versehen werden sollten, mußten mit Sprengungen vorbereitet werden. Das Quecksilber des Thermometers sank ständig weiter, um schließlich die Rekordmarke von 52 Grad minus zu erreichen.

In den von den Abteilungen und Bataillonen angelegten Waldlagern wurden Baracken aufgestellt und mit Küchen, Wohn- und Schlafräumen ausgestattet. Es gab eine Sauna und ebenfalls eine Entlausungsanstalt. Alles deutete darauf hin, daß der Winter hier in „Beschaulichkeit" verbracht werden sollte.

Es fehlte allenthalben an Winterbekleidung, und nur langsam trafen erste Wollsachen bei der Division ein. Die einzeln zugeteilten Schneemäntel waren für die Stoß- und Spähtrupps bestimmt. Ohne sie war ein Kampf im Winter und ein möglichst ungesichtetes Vorgehen durch die Schneewüste oder die tief verschneiten Wälder unmöglich.

Als dann auch noch einige Skier geliefert wurden, konnten schnelle Ski-Spähtrupps ausgeschickt werden. Skizüge wurden als Eingreifreserve zusammengestellt und den Regimentern zugewiesen. Die Panzerjäger-Abteilung 32 (ohne eine Kompanie) wurde gemeinsam mit der Radfahr-Schwadron der AA 32 mit Schlitten und Skiern winterbeweglich gemacht.

Während hier die Front stand, galt es immer wieder im rückwärtigen Gebiet gegen die Partisanen vorzugehen. Einige russische Sprengtrupps hatten bereits Minen gelegt und einige Fernsprechleitungen zerschnitten. Einzelne Fahrzeuge mit Nachschubgütern wurden überfallen.

Da trotz aller Desinfektionsmaßnahmen die ersten Fälle von Fleckfieber auftauchten, wurde in Demjansk ein Seuchenlazarett eingerichtet.

Der Divisionsgefechtsstand wurde in Borowitschi, 10 km ostwärts von Demjansk eingerichtet.

Als sich am 25. Dezember 1941 das feindliche Störungsfeuer verstärkte, trafen sich die Kommandeure der Divisionen des II. Armeekorps beim Kommandierenden General desselben, Graf von Brockdorff-Ahlefeldt.

Es waren die Kommandeure der 12., 32. und 123. ID. Sie wurden mit den Ergebnissen der Feindaufklärung im Bereich der direkt an die 16. Armee anschließenden 9. Armee der Heeresgruppe Mitte bekannt gemacht, laut denen dort eine große Feindoperation der vor der 9. Armee stehenden Feindverbände bevorstehe.

Die am Südflügel des II. AK eingesetzte 123. ID erkannte vor ihrem Abschnitt noch keine besonderen Feindbewegungen, meldete aber starke Lufttätigkeit.

Die Kälte hielt im Bereich zwischen 30 und 32 Grad minus bei bedecktem Winterwetter an. Es herrschte Spähtrupptätigkeit und schwaches Artillerie- und Infanteriefeuer.

Erst am 27. Dezember meldete die 123. ID, daß auf der Nahtlinie zwischen ihr und der anschließenden 253. ID der 9. Armee feindliche Bereitstellungen bei Ostaschkow erkannt würden.

Die Kältegrade fielen auf 35 und bis zum Morgen des 2. Januar 1942 wieder auf 42 Grad minus.

Nunmehr zeichneten sich auch beim links neben dem II. AK eingesetzten X. AK im Raume Staraja Russa starke Feindbewegungen ab. Noch wußte niemand genau, wie geschickt die Rote Armee die sich ihnen in diesem Raum bietende Chance zur Umfassung des II. und X. Armeekorps in ihrem doppelten Offensivstoß zu nutzen wußte.

Der sowjetische Plan

Die Rote Armee hatte inzwischen auch in ihrem Nordabschnitt frische Kräfte erhalten. Ihr Hauptplan ging zunächst dahin, durch einen Angriff schneller Kräfte mit Panzern und mot.-Truppen beiderseits des Ilmensees vorzustoßen und dadurch die 18. Armee zu zwingen, von Leningrad abzulassen und der Stadt die Chance der Befreiung von der fast völligen Umklammerung zu geben.

Südlich des Sees sollte dann der Angriff mit zwei verschiedenen Zielsetzungen fortgesetzt werden.

1.) Durchbruch hart südlich des Ilmensees nach Staraja Russa. Nach Erreichen dieses Zieles einschwenken nach Norden, um den aus dem Wolchowgebiet antretenden Kräften der 2. Stoßarmee entgegenzugehen und sich mit ihr zu vereinigen.

2.) Mit Teilkräften entlang der Lowatj nach Süden vorstoßen. Vereinigung mit den auf Cholm vorgehenden Truppen in Gestalt von zwei weiteren Sowjetarmeen. Diese hatten Auftrag, die Heeresgruppe Mitte auseinanderzusprechen.

Dabei hatte die gesamte Kalininfront Weisung, die Heeresgruppe Mitte anzugreifen und sie nach Süden zu drücken.

Die Anlage dieses Planes war derart, als wären sie vom deutschen Generalstab des Heeres geplant worden.

Fünf Armeen standen der Roten Armee für diese doppelte Aufgabe zur Verfügung. Sie waren wie folgt in Bereitschaftsstellungen gezogen worden:

An die Soldaten der 290. ID und 32. ID

Soldaten!

Die vormarschierende Rote Armee ist schon weit nach Westen und Süden vorgedrungen. Alle Strassen westlich und südlich von Demjansk sind von unseren Truppen besetzt.

IHR SEID IM KESSEL!

Widerstand ist zwecklos, aber eure Kommandeure zwingen euch durch Todesdrohungen den sinnlosen Kampf fortzusetzen.

Das Kommando der Roten Armee fordert euch auf, unverzüglich die Waffen zu strecken.

Alle, die weiterkämpfen, werden restlos vernichtet!

Allen, die sich freiwillig gefangengeben, wird garantiert: das Leben, gute Behandlung und sichere Heimkehr nach Kriegsende. Zögert nicht—morgen wird es spaet sein!

Kommando der Roten Armee der Nordwest-Front

Sowjetisches Flugblatt

11. Sowjetarmee:	Am Ufer des Ilmensees.
34. Sowjetarmee:	links daran anschließend mit dem Aufmarschraum im Waldaigebiet.
53. Sowjetarmee:	22. Sowjetarmee und 3. Stoßarmee: Durchbruch auf Cholm und Einkreisung aller deutschen Kräfte von Süden her.

Zusätzlich zu den genannten Kräften operierten im Rücken der 16. Armee starke Partisanengruppen, die im „Kampf mit List und Tücke" den deutschen Einheiten überlegen waren und sich mühelos der Eis- und Schneewüste anpassten. Vor allem die nunmehr fest zugefrorenen Sümpfe und Seen wurden von ihnen als Schleichpfade und Durchschlupfe genutzt.

Welche Wirksamkeit diese Partisanengruppen entwickelte, wird an Hand der Erkenntnisse über jene im Großraum Staraja Russa operierende Gruppe „Iwan der Schreckliche" dargelegt.

Diese Partisanengruppe errang nach ihren Bekundungen allein im Januar 1942 folgende Siege:

Umgebracht:	196 deutsche Soldaten und einheimische Hilfswillige.
Vernichtet:	23 Lastwagen, ein Personenwagen. Ein Flugzeug, drei Eisenbahnbrücken, zwei Munitionslager gesprengt.

Bereits in der Neujahrswoche meldeten eigene Ski-Spähtrupps, die als Verbindungshalter zwischen der 30. und 290. ID standen und Aufklärung betrieben, verdächtige Spuren im Schnee. Diese wurden von der deutschen Führung als „feindliche Spähtrupps" abgetan. Diese Beurteilung der Lage erwies sich als falsch.

In der Nacht zum 8. Januar 1942 waren vor den deutschen Stützpunkten stärker und stärker werdende Panzergeräusche zu hören. Die ersten Gefechte mit vorfühlenden russischen Kampftrupps zeigten nunmehr, daß der feindliche Großangriff beginnen werde.

Am Morgen des 8. Januar 1942 begann die russische Offensive. Mit einem beidseitigen Vorstoß der West- und Ostzange traten 19 Schützen-Divisionen, neun Schützen-Brigaden, mehrere selbständige Panzer-Brigaden und Sonderverbände an. Die Artillerie hatte kein vorbereitendes Feuer eröffnet. Statt dessen aber griff die Rote Luftwaffe mit starken Kräften in den Kampf ein. Die wenigen Versorgungsstraßen wurden zerbombt. Drei Angriffe gegen den deutschen Flugplatz von Staraja Russa führten zu schweren Verwüstungen. Eine eigens dazu abgestellte sowjetische Fliegergruppe warf Tausende Flugblätter über der deutschen Front ab, mit der Aufforderung zum Überlaufen und der Zusicherung sofortiger Heimkehr nach Ende des Krieges. (Siehe Flugblatt)

Es war die Masse der 11. Sowjetarmee, die direkt auf Tutilowo zu operierte. Dort stand die 290. ID, die sich mit dem Mute der Verzweiflung gegen die Flut der Rotarmisten stemmte. (Siehe Abschnitt über die 290. ID in ihrer ersten Abwehrphase.) Es gelang ihnen am zweiten Angriffstag, am rechten Divisionsflügel einzubrechen und binnen weniger weiterer Stunden stand die 290. ID, nach allen Seiten den Feind abwehrend, in der Zange der russischen Kräfte. Die vordersten Ortschaften Parfino und Jurjewo mußten am 10.1.1942 aufgegeben werden.

Bereits am Morgen des 9. Januar hatten russische Ski-Einheiten den Ortsrand von Staraja Russa erreicht. Generaloberst Busch befahl die um Schimsk stehenden 18. ID (mot.) sofort nach Staraja Russa. Auf dem Wege dorthin wurde die 18. ID (mot.) vom Feind angegriffen und durch seine Panzerkräfte gegen den Polistj-Fluß abgedrängt.

Südostwärts von Dno stieß der Feind auf den Lowatj vor. Den Schützen-Regimentern voraus rollten schwere und schwerste Panzer und breitschauflige Räumer, um ihnen den Weg zu ebnen. Die letzte Verbindung zwischen der 30. Und 290. ID riß am 21.1.1942 ab. Die Besatzung von Pustynka hielt sich allein im Sumpf. Der kleinere Kessel um die 290. ID wurde geschlossen. Sie war von nun an auf sich allein angewiesen und wurde „aus der Luft mit Waffen und Munition versorgt". Wie kläglich diese Versorgung war, wird im Abschnitt über den Kampf dieser Division anhand des KTB deutlich gemacht.

Es waren folgende Verbände, die versuchten, der 290. ID den Garaus zu machen: Die 180. Sowjet-Schützendivision und die selbständigen Schützen-Brigaden 14, 52 und 74.

Die beiden Nordarmeen dieses Doppelangriffs „konnten die deutsche Front am Ilmensee in dreiwöchigen Kämpfen durchbrechen. Sie standen mit südlicher Stoßrichtung weit im Rücken des auseinandergesprengten X. Armeekorps. Doch auch die zwei Armeen, die im Süden zur Offensive angesetzt hatten, verzeichneten beachtliche Erfolge.

Hierbei war es die Aufgabe der 22. Sowjetarmee, die Heeresgruppen Mitte und Nord voneinander zu trennen, während die 52. Armee das II. deutsche Armeekorps umfassen und vernichten sollte.

Die links benachbarten 3. Und 4. Stoßarmee hatten Weisung, nach Süden vorzustoßen, um den Kessel im Rücken der Heeresgruppe Mitte zu schließen." (Siehe Kartenskizze)

Eines war allen beteiligten Kommandeuren und der Führung der 16. Armee klar. Gelang es dem Feind vor allen Dingen Cholm, (das von der späteren Kampfgruppe Scherer gehalten wurde), und Demjansk, wo sich in einem größeren Kessel gerade die Verteidigung durch das II. Armeekorps etablierte, zu überrennen, dann hatte die Rote Armee völlig freie Fahrt in das rückwärtige Gebiet der deutschen Front, das kaum verteidigt werden konnte, weil keine Truppen zusätzlich zur Verfügung standen.

Cholm und Demjansk waren jene Wellenbrecher, an denen sich die Sturzwogen der Roten Armee brachen.

H i e r entschied sich Sein oder Nichtsein der Heeresgruppe Mitte (hinter deren eigener Verteidigungsfront).

„Die Standfestigkeit der Demjansk- und Cholm-Kämpfer" so Paul Carell in seinem Werk „Unternehmen Barbarossa" trotzte hier den Sowjets den Sieg ab.

Bei der 32. Infanterie-Division

Während am 8. Januar 1942 die Rote Armee beim X. AK Angriff und über den zugefrorenen Ilmensee hinweg, der Lowatj folgend, vorstürmte und das erste Hauptziel Staraja Russa anpeilte, hatte es an diesem Tage bei der 32. ID keinerlei Feindbewegungen gegeben, die einen sowjetischen Angriff auch an dieser Stelle anzeigten.

Um die Lage zu klären, brach ein Stoßtrupp des I./IR 4 am

Abend dieses Tages in die feindliche HKL ein.

In einem blitzschnellen Vorstoß überwältigten sie einen Eck-Stützpunkt aus und hoben von dort her, teilweise durch die russischen Verbindungsgräben vorgehend, weitere sieben Stützpunkte im Nahkampf aus. Zwei mitgeführte Tellerminen mit Zeitzündschnur krachten auseinander, als sich dieser Stoßtrupp bereits mit drei erbeuteten MG und einigen Sturmgewehren wieder auf den Rückweg machte. Die eigenen Verluste waren gering. Zwei Männer waren leicht, einer schwerer verwundet. Er wurde von seinen Kameraden zurückgetragen.

Dennoch rechneten die 32. ID ebenso wie das II. AK und die 16. Armee stark mit der Möglichkeit, daß der Feind auch eine zweite Operation am Südflügel der 16. Armee, aus dem Raume Ostaschkow eröffnen würde.

Dieser Angriff wurde von II. AK vor allem bei der 123. ID erwartet und zwar im Abschnitt des dortigen IR 415 ebenso wie gegen die Aufklärungsabteilung 12 der 12. ID, die der 123. ID unterstellt worden war.

Noch am 8. Januar wurde der 32. ID vom Korps der Befehl übermittelt die Aufklärungsabteilung 32, einen Bataillonsstab und vier Schützen-Kompanien zum Einsatz bei der 123. ID bereitzustellen, weil deren weit überdehnte Front nur stützpunktartig besetzt war. Sie war gehalten, den ersten Ansturm der Roten Armee auf breiter Front über den zugefrorenen Seliger-See zu stoppen.

Am Vormittag des 9.1.1942 griffen die ersten Feindtruppen über den Seliger-See hinweg an. Fast gleichzeitig damit stürmten auch bei der rechts an die 123. ID anschließenden 253. ID (des XXIII. AK der Heeresgruppe Mitte) russische Truppen über den Wolga-See hinweg vorwärts. Dieser Angriff wurde schließlich in Stärke von zwei Regimentern vorgetragen, um die Nahtstelle zwischen der HGr. Nord und der HGr. Mitte zu durchstoßen.

Während dieser Vormittagsstunden hatte die 32. ID bereits die vorgesehenen vier Schützen-Kpn. Zu jeweils zwei aus den eigenen Regimentern IR 94 und 96, mit der AA 32, der 123. ID zugeführt.

Es war 22.40 Uhr, als die 32. ID den Auftrag des Korps erhielt, ein weiteres Bataillon und eine Batterie leichter Feldhaubitzen aus ihrem Frontabschnitt herauszuziehen und zum IR 415 in Marsch zu setzen, da sich die Lage auf dem Südflügel der 123. ID weiter zugespitzt hatte.

Das aus Teilen der beiden Infanterieregimenter 94 und 96, sowie des IR 4 zusammengesetzte „Bataillon Stuppi, Kommandeur des II./IR 94", marschierte am Morgen des 10.1.1942 in den Raum Monakowo, wo es dem IR 415 unterstellt wurde.

Auch die 12. ID hatte einige Kompanien Infanterie und eine leichte Feldhaubitzen-Batterie zur 123. ID abzustellen.

(Major Joseph Stuppi erwies sich in den nächsten Tagen als erfahrener Führer des Bataillons und konnte in einigen Gegenstößen tiefe Einbrüche beseitigen. Am 2. Februar erhielt er das Ritterkreuz).

„Zum unguten Schluß", so einer der Mitkämpfer zum Autor, „befahl das Korps der 32. ID, noch eine weitere Kompanie je Regiment zur Verfügung des Regiments 415 herauszulösen."

Die Kämpfe bei der 123. ID hatten tiefe Lücken in die stützpunktartige HKL gerissen, durch welche russische Sturmtruppen vordrangen und sich anschickten, die begehrte Straße Molwotizy-Demjansk zu erreichen.

General von Brockdorff-Ahlefeldt befahl der 12., 32. Und 123. ID.: „Jedes weitere Vordringen des Feindes nach Westen ist zu unterbinden."

Von der 16. Armee wurde ein ähnlich lautender Funkspruch an diese drei Divisionen abgesetzt. Im Kern aber befahl Generaloberst Busch: „Es sind soviel Kräfte wie nur eben möglich – darunter auch schwere Waffen – von der Nord- und Ostfront abzuziehen. Es kommt darauf an, die Straße Apoljetz-Cholm freizuhalten, um bei Ausfall des durch den Feindangriff auf Staraja Russa (gegen das X. AK) bedrohten Versorgungsweges Staraja Russa – Demjansk eine Ersatzstraße zur Verfügung zu haben."

Diese deutschen Absichten kamen nicht mehr zur Durchführung, da sich der Feind, mit einigen schnellen Skibrigaden voraus, die kaum durch die unbeweglichen deutschen Kräfte zu stoppen waren, gefolgt von Panzerverbänden, die jeden Widerstand brachen und die deutschen Stützpunkte in den Schnee stampften, scheinbar unaufhaltsam nach Westen vorkämpfte.

Im Laufe dieser Operation erreichte er nicht nur das Lowatj-Tal nördlich Cholm, sondern schloß diese Stadt völlig ein.

Es galt also für das II. AK vor allem seine tiefe Südflanke und den eigenen Rücken zu decken, um nicht ebenfalls völlig eingeschlossen zu werden.

Das am linken Flügel der 123. ID eingesetzte IR 418 wurde am 10.1. der 32. ID unterstellt. Um 12.00 Uhr befahl das II. AK: „Feind ist zwischen Loszo-See und Meshniki durchgebrochen, geht in Richtung Nordwesten vor. Abwehrfront in Lini Sobolewo-Watolino bilden."

An diesem 11.1.1942 wurde auch der Korpsauftrag, einen Bataillonsstab mit drei Kompanien und einer leichten Feldhaubitzen-Batterie zu bilden, erteilt. Ohne erst ein zeitraubendes Zusammentreten dieses Bataillons abzuwarten, setzte die Division die sofort verfügbare Panzerjäger-Abteilung 32 ein. Sie erhielt den Auftrag, die Höhen in der Linie Sobolewo-Watolino zu verteidigen.

„Alle in diesem Raum befindlichen Teile, ebenso wie die in Ssalesje stehende Batterie wurden hierzu dem Kommandeur der Panzerjäger-Abteilung 32 unterstellt. Darüber hinaus wurden von den Regimentern 4, 94 und 96 je eine Schützen-Kp. und vom IR 96 zusätzlich ein Bataillonsstab herausgezogen und zur Verfügung des Korps bereit gehalten. Das der 32. ID unterstellte IR 418 wurde beauftragt, die Lücke zwischen Shabje-See und der Höhe 206,6 zu sperren und zu verteidigen." (Siehe dazu: Schröder, Jürgen und Joachim Schultz-Naumann: Die Geschichte der pommerschen 32. ID 1939-1945).

Im Verlaufe des 11.1.1942 war die Front der 123. ID auseinandergesplittert. Als die Rote Armee am Morgen des 12.1. ihren Angriff fortsetzte, hatte die Korpsführung – nur ein Regiment der 32. ID an deren Nordfront zurücklassend – die Umgruppierung des Gros der Division in den Raum Filippowa-Gora – Peski veranlaßt, um sie von dort in den voraussichtlichen Einsatzraum um Watolino werfen zu können. (Siehe Skizze). Nur so war Hoffnung vorhanden, den feindlichen Stoß abzufangen.

Während vor der Nordfront der 32. ID nur Artilleriefeuer und vereinzelte Spähtrupptätigkeit gemeldet wurde, waren am 12.1. im Bereich der 123. ID und der ihr zugeführten Teile der 32. und 12. ID schwere Abwehrkämpfe entbrannt. Als Monakowo vom Feind genommen war, erhielt die 32. ID „freie Hand für den Einsatz aller Teile in ihrem Südraum". Der Angriff auf Monakowo schlug nicht durch.

An diesem 12. Januar 1942 rief der Oberbefehlshaber der Heeresgruppe Nord, Generalfeldmarschall Ritter von Leeb, das Führerhauptquartier an, um umgehende Maßnahmen zur Stabilisierung dieses Frontabschnittes zu erreichen. Er schlug dem Oberkommando des Heeres den Rückzug der 16. Armee hinter die Lowatj vor.

Hitler lehnte diesen Vorschlag entschieden ab, ohne sich auf irgend eine Diskussion einzulassen, daß damit die Front erheblich verkürzt und die Kräfte an den Schwerpunkten vermehrt werden konnten.

Unmittelbar vorher hatte General von Brockdorff-Ahlefeldt der Armee gemeldet:

„Wenn die Absicht bei der Armee besteht, auf die Lowatj und hinter diesen Fluß auszuweichen, dann sofort, ohne auch nur einen Tag zu zögern, wenn nicht schnellstens neue Kräfte eintreffen."

Dies war der zündende Funke, der Generalfeldmarschall von Leeb veranlaßte, diesen Vorschlag des erfahrenen Korpskommandeurs aufzugreifen und die Zurücknahme des II. und X. AK mit ihren sechs Divsisionen (der 123., 32., 12. ID, der SS-Division Totenkopf, der 225. ID und der 290. ID) zum Vorschlag zu bringen.

Da Ritter von Leeb nur zu genau wußte, was diesen beiden Korps blühte, wenn länger und ohne weitere Zuführungen frischer Truppen gehalten werden sollte, flog er in Begleitung seines Ia, Oberst im Generalstab Herrmann, ins Hauptquartier Wolfsschanze und hielt Hitler persönlich Vortrag. Er legte ohne jede Beschönigung die Sachlage dar und schilderte die gefährliche Lage des II. und X. AK, ohne auch nur die geringste Rücksicht zu nehmen. Er erklärte zum Schluß seines Vortrages:

„Wird die Front an den Lowatj zurückgenommen, so verkürzt sie sich derart, daß sie mit den zur Verfügung stehenden sechs Divisionen stark, zusammenhängend und gradlinig, ohne Aus- und Einbuchtungen besetzt und wahrscheinlich noch die eine oder andere Division als Reserve herausgenommen werden kann. Die hinter dem Abschnitt verlaufende Straße Staraja Russa – Cholm erlaubt und erleichtert die Regelung des Nachschubs. Wird das Absetzen jetzt angeordnet, so kann es noch planmäßig, schrittweise und ohne Überhetzung durchgeführt werden.

Eine fest gefügte Front am Lowatj-Abschnitt mit rechtem Flügel bei Apoletj oder Cholm nützt der Heeresgruppe Mitte und der 9. Armee mehr, als eine durchlöcherte, brüchige Front im Raume Demjansk. Dies, zumal wenn namhafte Reserven ausgeschieden und angriffsweise zur Vereingung oder Schließung der Lücke zur 9. Armee eingesetzt werden können.

Für die Heeresgruppe Nord und die 16. Armee hat der Raum um Demjansk k e i n e taktische oder gar operative Bedeutung." (Siehe KTB der Heeresgruppe Nord, Januar 1942).

Was dem Generalfeldmarschall vorschwebte, war das Zurücknehmen der bis zum äußersten angespannten Truppe und ihre Verlegung in Winterquartiere zur Wiederauffrischung, ebenso wie eine Begradigung der zerrissenen Front.

Hitler erklärte, daß kein Meter eroberter Raum aufgegeben werden dürfe. Eine in Rückwärtsbewegungen geratene Front sei nicht mehr zu halten. Der Rüsse würde sofort nachstoßen und die Lücke zur Heeresgruppe Mitte nur erweitern.

Generalfeldmarschall Ritter von Leeb, seit 1887 Offizier der kaiserlichen Armee, seit dem 24.6.1940 Träger des Ritterkreuzes, flog in sein Hauptquartier zurück. Vor seiner Verabschiedung bat er um seine Entlassung. Er wollte und konnte nicht gegen seine Überzeugung handeln. Hitler nahm die Entlassung an, und am 13. Januar wurde er abgelöst. Offiziell, weil es seine Gesundheit ihm nicht mehr erlaube, weiterhin die Verantwortung für ein Drittel der Ostfront zu tragen. Der Feldmarschall, im Ersten Weltkrieg zum Ritter des Bayerischen „Max-Joseph-Ordens" ernannt, stand im I. Weltkrieg sowohl im Osten, als auch im Westen im Einsatz. Er wurde in die Reichswehr übernommen, brachte es am 1. Oktober 1933 zum Oberbefehlshaber der Gruppenkommandos 2. Vorher hatte er – als begeisterter Bergsteiger an einem von Major Dietl geleiteten Heeres-Hochgebirgskurs in Norwegen teilgenommen (als Generalleutnant und Befehlshaber im Wehrkreis VII und zugleich Kommandeur der 7. Bayerischen Division) und wurde wegen seiner hervorragenden Kondition und Erfahrung als Bergsteiger zum Heeresbergführer ernannt.

Er war ein Freund des Kardinals Faulhaber. Als einer seiner Söhne am 19. September 1939 vor Lemberg fiel, nannte er Hitler im Kreise einiger Vertrauter einen „verblendeten Narren und Verbrecher."

Es fand sich auch hier ein Verräter, der dem obersten Parteirichter Buch Mitteilung davon machte. Der General wurde von der Geheimen Staatspolizei überwacht, seine Post durchschnüffelt.

Seine Ernennung zum Generalfeldmarschall am 19. Juli 1940 im Rahmen einer „Feldmarschall-Schwemme" und seine Ernennung zum Oberbefehlshaber der Heeresgruppe Nord deuteten dann darauf hin, daß Hitler ihm dennoch vertraute.

Alle gemachten Fehler bei der versuchten Eroberung von Leningrad nannte der Feldmarschall diletantisch. „Hitler" so seine Worte, „hat den Kampf in Rußland geführt, als ob er mit den Russen im Bunde stünde."

Ritter von Leeb übergab die Heeresgruppe Nord an seinen Nachfolger, Generaloberst von Küchler. Er zog sich nach Hohenschwangau bei Füssen zurück, vo er am 2. Mai 1945 von der US-Militärpolizei verhaftet wurde.

Er wurde vor Gericht gestellt, in Nürnberg zu drei Jahren Gefängnis verurteilt – dem „Schuldspruch für erwiesene Unschuld" und sofort auf freien Fuß gesetzt. Im November 1954 wurde er durch Kronprinz Rupprecht von Bayern zum Großkanzler des Max-Joseph-Ordens ernannt.

Generalfeldmarschall von Leeb starb am 29. April 1956.

Der Oberbefehlshaber der Heeresgruppe Nord

Generaloberst Georg von Küchler, der am 1. Oktober 1939 für seine Führungsleistung im Polenfeldzug das Ritterkreuz erhalten hatten, wurde bereits am 30. Januar 1942 durch Hitler „in dankbarer Würdigung seiner Verdienste um Abwehr und Vernichtung der zum Entsatz von Leningrad in breiter Front angesetzten bolschewistischen Armeen, sowie in Anerkennung der heldenhaften Leistungen der unter seinem Befehl kämpfenden Truppen" zum Generalfeldmarschall ernannt.

Bereits am 13. Januar traf der Generaloberst auf dem Gefechtsstand des II. AK ein. Fünf Tage darauf besuchte auch Generaloberst Busch das II. AK. Beide waren nicht mehr im Stande, durch neue Befehle und Weisungen, gegen das sich dem II. AK nähernde Unheil zu wirken.

Der Chef des Generalstabes des Heeres entsandte am 24.1.1942 seinen persönlichen Vertreter, Oberstleutnant Graf zu Eulenburg, nach Demjansk. Er ließ sich durch die Stabsoffiziere des II. AK in die Lage einweisen, hatte ein intensives Gespräch mit General von Brockdorff-Ahlefeldt und versprach durch Handschlag, alle Bitten des Korps bei OKH vorzutragen und, vor allem dafür Sorge zutragen, die Divisionen aus der Luft zu versorgen.

Dazu hatte der Quartiermeister des II. AK einen täglichen Bedarf von 200 Tonnen Güter aller Art erbeten, die man unbedingt benötige, um das Korps und die drei Divisionen des X. AK einsatzfähig zu erhalten.

(Als Oberst und Kommandeur des Grenadier-Regiments 67 erhielt Jonas Graf zu Eulenburg am 7.12.1944 das Deutsche Kreuz in Gold. Als Kommandant der Festung Glogau wurde er am 22.3.1945 mit dem Ritterkreuz ausgezeichnet. Er fiel am 8.4.1945 bei einem Ausbruchsversuch im Stadtfort von Bunzlau).

Generalfeldmarschall von Küchler sollte die Heeresgruppe Nord führen und in einer Vielzahl von Abwehrschlachten die weit überdehnten Fronten halten. Am 1. Februar 1944 wurde auch er wegen seiner Meinungsverschiedenheiten mit dem Führerhauptquartier seines Postens enthoben.

Auch er mußte als 64-jähriger die Vernehmungslager der US-Truppen durchlaufen. Er stand vor dem Nürnberger Siegertribunal und wurde zu 20 Jahren Haft verurteilt, die 1951 zu 12 Jahren herabgestuft wurden. 1952 wurde er entlassen. Zurück zu dem Kampfgeschehen im Großraum Demjansk.

Die 12. Infanterie-Division im Kessel von Demjansk

Kampfgruppe Steglich

Im späteren Kessel von Demjansk stand zu Beginn des Dezember 1941 auch die 12. Infanterie-Division ohne ihr IR 89 zwischen dem Ilmensee und dem Welje-See im Einsatz. Ihr IR 89 stand als Armeereserve im Raume südostwärts Demjansk, während die Aufklärungs-Abteilung 12 der Division bei der 123. ID kämpfte, der wie vorher bereits dargelegt, ein Teil der Truppen zu anderer Verwendung abgenommen worden war.

Das IR 27 der 12. ID wiederum stand unter dem Kommando von Oberstleutnant Joseph Stuppi beiderseits der Straße Demjansk – Molwotizy, auf der das I./IR 376 unter Major Martens, und das II./IR 376 unter Hptm. Von Hasel der 225. ID marschierten, um ihre Einsatzräume zu erreichen.

Damit kämpfte die 12. ID nach allen vier Himmelsrichtungen: Während ihre Regimenter 48 und 89 im Nordabschnitt standen, stand das IR 27 mit den beiden zugeführten Bataillonen der 225. ID im Südabschnitt, südlich Demjansk. Hier der Bericht des damaligen Oberleutnants Martin Steglich, der als Ausbilder und Lernender für acht Wochen zur Finnischen Armee abkommandiert worden war, um an einem Winterkrieg-Lehrgang teilzunehmen und im Januar 1942 zur Division zurückkehrte.

„Als Steglich zur Division zurückkam, zeichnete sich der Kessel von Demjansk bereits ab. Martin Steglich reiste als „Wanderausbilder" durch das II. AK, das von Graf von Brockdorff-Ahlefeld kommandiert wurde. Mit dem II. Bataillon wurde auch die 5. Kompanie zur Südwestecke des Kessels geworfen.

Während dieser Zeit, als sich die 1. und 5. Kompanie und eine Batterie der III./AR 12 im Stützpunkt Linje befanden, griffen die Russen mit starken Kräften an. Eines der Gefechte soll hier festgehalten werden, weil es als Beispiel für die Grausamkeit eines jeden Krieges gelten kann und hier aus einem unbedeutenden Fehler eine Katastrophe erwuchs.

Es war eingangs Februar 1942, als der Gefechtsvorposten Alarm gab. Oberleutnant Steglich kletterte auf den Beobachtungsstand. Aus südlicher Richtung kam eine fast unübersehbare Skikolonne direkt auf das Dorf zu.

Die Russen blieben immer in Deckung, so daß sich eine gewundene Schlangenlinie ergab. Sie waren zu diesem Zeitpunkt noch vier Kilometer entfernt.

Für Martin Steglich zeigte sich die Situation so, daß der Feind, der alle Höhen mied, wahrscheinlich parallel durch eine Senke 300 Meter ostwärts am Dorf vorbeiziehen würde.

„Alle entbehrlichen Leute beziehen am Ostrand der Ortschaft Stellung! Wir lassen den Iwan bis zum Nordrand von Linje vorgehen, bevor wir das Feuer eröffnen!" befahl Steglich dem Chef der 1. Kompanie, Oberleutnant Lüdemann.

Als die letzte Russengruppe heran war, schoß Oberleutnant Steglich die vereinbarte rote Leuchtkugel. Schlagartig hämmerten sämtliche Maschinenwaffen und Werfer in dieses Skiregiment hinein. Drei Minuten lang war die Luft erfüllt vom Bellen der MG, dem Ploppen und Krachen der Werfer und dem Geklacker der Karabiner.

Blitzschnell verschwanden die Russen im Schnee, und – auf der freien Plaine blieben Hunderte Skier mit den Stiefeln darauf sichtbar.

Noch während Martin Steglich überlegte, was das bedeuten mochte, sprangen die Russen plötzlich hoch. Sie vollführten Luftsprünge, schrien und tobten. Dabei fiel kein Schuß mehr.

Endlich eröffneten die Rotarmisten zögernd das Feuer und ließen die Füsiliere nicht an sich heran. Erst gegen Abend konnte Steglich den ersten starken Stoßtrupp ansetzen, der die Lösung des Rätsels brachte:

Die Russen waren von der Karelischen Front hierher gebracht worden. In Ostaschkow wurden sie mit Skiern ausgerüstet, an denen die Bindungen fehlten. Der Politruk setzte durch, daß die „Walinkis" auf die Skier genagelt wurden.

Als dann das deutsche Feuer einsetzte, waren die Russen gezwungen, aus den Stiefeln zu schlüpfen, um in Deckung gehen zu können. Bei über 40 Grad Kälte aber schmerzte der Schnee, als betrete man eine glühende Herdplatte. Den noch lebenden Russen waren die Füße erfroren und nicht mehr zu retten.

Als schließlich der Kessel von Demjansk geschlossen war, wurde das Bataillon zum Nordrand des Einschließungsringes verlegt. Steglichs Kompanie stand im Brennpunkt der Kämpfe.

Am 19. Januar 1942 hatte er bereits als einer der ersten Offiziere des Regiments das Deutsche Kreuz in Gold erhalten.

Im Frühjahr 1942 erhielt Oberleutnant Steglich eine Kommandierung als Lehroffizier zum OKH, Chef Ausbildungswesen. Er wurde aus dem Kessel ausgeflogen und im Führerhauptquartier bei seiner Meldung auch Hitler vorgestellt.

Oberleutnant Steglich trug dem damaligen Oberst Heusinger die Lage in seinem Kesselabschnitt vor. Man fragte Steglich auch, ob es möglich sei, aus dem Kessel herauszukommen, und er antwortete, daß dies im Winter nicht gelingen würde. Einmal müsse dann alles schwere Material zurückbleiben. Zum anderen würden die Infanteristen wie Hasen im Schnee totgeschlagen, weil die russischen Skibataillone sie mühelos überflügeln könnten.

Im OKH mußte Steglich einen umfassenden Erfahrungsbericht über den Waldkampf für seine Ausbildungszwecke erstellen. Bei dieser Gelegenheit wurde er auch zum Chef des Ausbildungswesens Abteilung Film versetzt, dem er später nach seiner schweren Verwundung die endgültige Kommandierung zu dieser Stelle verdankte. In dieser Zeit wurde der Lehrfilm „Gruppe als Spähtrupp" gedreht, der noch heute in der Bundeswehr gezeigt wird.

Im April kehrte Steglich zu seinem alten Regiment in den Kessel zurück. Bis zum Spätherbst führte er seine Kompanie weiter. In schwersten Kämpfen hielten sie die anrennenden Russen auf.

Es wurde Spätherbst, der neue Winter kündigte sich an, als Oberleutnant Steglich das Einsatzbataillon des FR 27 übernahm. Jedes Regiment hatte eine Kompanie zu diesem Feuerwehrbataillon beigesteuert. Die Schwere Kompanie des Regiments kam hinzu und erhöhte die Schlagkraft.

Mit seinem Bataillon wurde Martin Steglich vom Korps an die 123. ID „verborgt", die im Schlauch – der Herzschlagader des Kessels – lag.

Immer wieder versuchten die Russen, diesen Schlauch abzuklemmen und damit den Kessel auszuhungern; und immer wieder war es das Eingreifbataillon Steglich, das den Gegner warf und Einbrüche bereinigte.

Eine Krisenlage entstand, als die Russen mit 47 Panzern angriffen und ein Nachbarbataillon vernichteten.

Bereits am 12. Dezember begann der Feind gegenüber der Stellung des Eingreifbataillons mit starkem Trommelfeuer. Die HKL, die sich bei Zemena ostwärts der Karpowka hinzog, war von Steglich stark ausgebaut worden.

Der Feind tastete vom 12. Dezember an die Frontlinie ab, um eine weiche Stelle zu finden. Bis zum 23. Dezember konnten alle Versuche des Gegners, in die HKL einzudringen, vereitelt werden.

An diesem Tag aber erhielt Steglich gegen 10.30 Uhr die Meldung, daß der Feind beim Nachbarbataillon durchgebrochen sei.

Oberleutnant Steglich setzte seinen Adjutanten, Leutnant Sichert, mit einem Trupp der Bataillonsreserve zur Erkundung an und erhielt die Bestätigung der Hiobsbotschaft.

Nun stieß Steglich mit seinem Reservezug entlang der HKL bis zu seinem Adjutanten durch.

„Wir schließen die Lücke, Männer!" befahl er.

Die beiden Züge traten an. Sie rollten den Feindeinbruch von der Flanke her auf und warfen die eingedrungenen Russen hinaus. Teile russischer Verbände wurden über die Karpowka bis in den jenseits des Flusses gelegenen Wald zurückgetrieben. Um 15.00 Uhr meldete Steglich der Division:

„HKL wieder fest in unserer Hand!"

Am nächsten Morgen eröffneten die Sowjets den Kampf mit einem starken Trommelfeuer. Neben schweren Granatwerfern fielen Katjuschas in dieses Konzert ein. Die 12,5-cm-Raketen der Werfer waren mit Verzögerung eingestellt und sollten offenbar die deutschen Bunker knacken.

Nach einer Stunde waren sämtliche Verbindungen nach rückwärts abgerissen. Durch einen Feuerüberfall der Salvengeschütze fiel Hauptmann Bühne, der Chef des Nachbarbataillons. Vorsorglich ließ Oberleutnant Steglich wieder einen Zug der 3. Kompanie und die Bataillonsreserve zusammenziehen. Das Thermometer zeigte 26 Grad unter Null.

Um 11. 00 Uhr erreichte den Bataillonsgefechtsstand ein Alarmruf:

„Panzereinbruch!"

Im Nachbarabschnitt wurden violette Rauchzeichen geschossen. Der Bataillonsadjutant ging entlang der HKL seitlich vor und stellte fest, daß der sechste Kampfstand in der Hand des Gegners war. Die russischen Panzer schossen die einzelnen von ihnen erkannten Kampfstände mit Punktfeuer aus der Verteidigungslinie heraus und machten Jagd auf die Soldaten, die ihre Deckungen verlassen mußten. Es entstand eine Panik, denn Salvengeschütze und schwere Werfer trommelten pausenlos.

Martin Steglich eilte mit der Bataillonsreserve zum Kampfstand 5, dem Eckpfeiler der HKL. Es gelang ihm, diese Linie in der Hand zu behalten.

Steglich sah, daß die Feindpanzer mitten im Stellungssystem des Nachbarbataillons stehenblieben, während die Infanterie 400 Meter tief einbrach.

Bereits gegen 15.00 Uhr wurde es dunkel. In der Nacht organisierte Steglich Panzerbekämpfungstrupps. Einen führte er selbst, während der Bataillonsadjutant den anderen übernahm.

Mehrere Feindpanzer platzten mit grellem Feuerschein auseinander. Die Radfahrschwadron der Aufklärungsabteilung wurde als Verstärkung herangeführt und schirmte den Einbruchsraum ab. Steglich legte die Männer zu dreien und vieren in Granattrichter.

„Hier sichern! Auf jede Bewegung schießen! Aufpassen, denn die Russen werden im Morgengrauen kommen!"

Und während sich alles zur Verteidigung rüstete, erschien mitten in der Nacht der Divisionskommandeur, Generalmajor Kurt-Jürgen von Lützow. Er versprach, bei der 123. ID dafür zu sorgen, daß den Verteidigern schwere Waffen gebracht wurden.

Es war inzwischen auch gelungen, eine Acht-Acht-Flak im Mannschaftszug durch das Trichterfeld in den Bataillonsabschnitt zu ziehen. Geschützführer war Wachtmeister Brettschneider. Aus seiner Feuerstellung nur 200 Meter hinter der HKL konnte das Geschütz die auf der freien Plaine aufgefahrenen Panzer packen.

Ein Gegenangriff wurde von Steglich befohlen. Als Zeichen wollte er nach dem dritten Schuß der Acht-Acht eine Leuchtpatrone „Rot" schießen.

Wachtmeister Brettschneider konnte um 7.40 Uhr die Feindpanzer erkennen. Er traf einen Stahlkoloß hoch, die Granate jaulte als Abpraller durch die Luft und detonierte am Waldrand. Der zweite Schuß aber war ein Volltreffer. Der Panzer brach auf, eine lodernde Flamme stob empor.

Gleichzeitig damit schrien 30 Männer begeistert „Hurra!", und die zweite Gegenstoßgruppe brüllte auf der Nordseite des Einbruchssackes mit. Dann fielen die Soldaten der Radfahrschwadron ein. Dazwischen schoß die Pak wie auf dem Schießstand.

Drei, fünf, sieben und schließlich zwölf Panzer standen nach wenigen Minuten in Flammen. Am Ende des Duells wurden 16 russische Panzer gezählt, die Brettschneider mit seiner Kanone abgeschossen hatte.

Auf einmal sprang die Feindinfanterie auf. Sie war durch das Hurragebrüll und durch die tödliche Treffsicherheit der Acht-Acht nervös geworden.

„Feuer frei!" rief Steglich.

Die Granatwerfer begannen zu schießen. MG hämmerten flankierend in den Gegner hinein, der schneller und schneller zurückwich. Gleichzeitig versuchten die übriggebliebenen Feindpanzer, verzweifelt herumkurvend den rettenden Waldrand zu erreichen. Sie walzten dabei von der eigenen Infanterie in den Boden, was ihnen vor die Ketten kam.

Jetzt erst drangen die beiden Stoßgruppen vor. Sie räumten die Einbruchsstelle aus, und um 11.00 Uhr reichten sich Oberleutnant Steglich und sein Adjutant vorn in der HKL die Hand. Die Sowjets ließen 500 Tote und Gefangene zurück.

Die wichtige Rollbahn in den Kessel war wieder frei. Nach zweitägiger Krise hatte Oberleutnant Steglich das Schicksal des Kessels Demjansk, der mit der Versorgungsstraße stand und fiel, zum Guten gewendet.

Am 1. Januar 1943 wurde Martin Steglich wegen Tapferkeit vor dem Feind zum Hauptmann befördert und am 25. Januar mit dem Ritterkreuz ausgezeichnet. Wachtmeister Brettschneider erhielt das Deutsche Kreuz in Gold.

Weiter versuchten die Russen einzubrechen. Viermal wurden sie vom Bataillon Steglich geworfen. Beim fünftenmal aber geschah es. Hauptmann Steglich, der nur eine Pelzmütze trug, war wieder einmal mit „Pinguin" und dem Funktrupp im Einbruchsraum gewesen. Als sie zurückgingen, eröffneten russische Salvengeschütze das Feuer. Der Bursche „Pinguin", die Männer mit dem Funkgerät und der Hauptmann rannten los. Wieder fauchte eine Salve heran.

„Paß auf", warnte Steglich seinen Burschen, „das geht hier, runter!"

Und schon rauschte das Flächenfeuer von 15-cm-Katjuschas nieder. „Pinguin" warf sich hin. Der Hauptmann hörte das Heulen der Granaten, ging ebenfalls zu Boden und wurde von der Gewalt der Explosion erfaßt. Der Detonationswirbel schleuderte ihn fast zehn Meter weit. Er wurde gegen einen Baumstumpf geworfen; und dort fand man ihn, bewußtlos.

Der Funktruppführer und die beiden Männer, die das Funkgerät getragen hatten, waren von den Granatsplittern völlig zerfetzt worden. „Pinguin" war nichts passiert.

Hauptmann Steglich trug einen Schädelbasisriß davon, das Kieferdach war heruntergebrochen, mehrere Zähne waren ihm ausgeschlagen. Er kam ins Lazarett Demjansk. Später erfuhr er, daß am selben Tag sein ältester Bruder Helmut als Oberleutnant in einem Pionierbataillon am Terek gefallen war.

Nach seiner Wiederherstellung flog Hauptmann Steglich auf

Heimaturlaub. An seinem dritten Hochzeitstag erhielt er ein Telegramm mit der Mitteilung, daß ihm das Ritterkreuz verliehen worden sei.

Von der Division wurde Hauptmann Steglich anschließend zur Bataillonsführerschule nach Antwerpen kommandiert, um dort als Gastlehrer zu wirken.

Oberleutnant Martin Steglich erhielt als Chef der 5./IR 27 bereits am 11.1.1942 das Deutsche Kreuz in Gold. Für seine Einsätze im Kessel von Demjansk wurde er als Hptm. und Kdr. des II./Füsilier-Bataillons 27 (in das die Infanterie-Bataillone und Regimenter inzwischen umbenannt worden waren) am 25.1.1943 das Ritterkreuz verliehen. Das 816. Eichenlaub zum RK wurde ihm am 5.4.1945 als Major und Kdr. des Grenadier-Regiments 1221 verliehen.

An seiner Seite und als bester Freund kämpfte in der 12. ID auch der spätere Oberst Heinz Georg Lemm, der ebenfalls für seinen Einsatz vor allem in der letzten Phase des Kampfes um die Festung Demjansk am 14. April 1943 das Ritterkreuz erhielt.

Hier sein Report aus diesen Monaten im Kampfraum Demjansk.

Kampfgruppe Lemm

Am frühen Morgen des 22.6.1941 trat auch die 12. ID aus dem ostpreußischen Raum zur Rußlandoffensive an. Nach Überwindung der russischen Grenztruppen, die sich mit ungeheurer Zähigkeit zur Wehr setzten, marschierte die 12. ID in Richtung Stalin-Linie, die sie am 11. Juli erreichte. Hier der Report von Generalleutnant Lemm nach dem Kriege:

„Meter um Meter arbeiteten wir uns an das feindliche Grabensystem heran. Voraus sah ich den Eckpfeiler der russischen Stellungen, eine Höhe, die den Kampf entscheiden würde, wenn wir sie in Besitz nehmen konnten.

Ein frontales Anrennen war aussichtslos. Deshalb ließ ich einen Zug durch sein Feuer den Gegner binden, während wir anderen uns Meter um Meter nach rechts hinüber verschoben, um uns auf Einbruchsentfernung heranzuarbeiten. Wir hatten beim

Kompanietrupp einen Melder mit Signalhorn, ein Relikt aus Friedenszeiten. Diesen ließ ich das Angriffssignal blasen, das sofort aufgenommen wurde. Alles sprang auf und stürmte die letzten Meter die Höhe hinauf.

Der Gegner verließ seine Kampfstände und rannte von seinen Gräben fort.

Wir erreichten die Kuppe, sprangen in das nächste Grabenstück hinein. Ich stand unmittelbar vor einem Russen, der sich auf mich stürzte. Ich kam nicht mehr zum Schuß, konnte nur die Waffe des Gegners zur Seite drücken. Ein Bluterguß an der Schulter, der von einem Kolbenschlag herrührte, war die einzige Erinnerung an diese Auseinandersetzung."

Hunderte Kilometer legte die 12. ID marschierend zurück. Am großen Polakessel, südlich des Ilmensee errang Lemms Kompanie einen weiteren Erfolg. Lemm selbst leitete das Feuer der eigenen Artillerie, als überschwere Russenpanzer angriffen. Zwei KW II wurden vernichtet.

Die Division erreichte den Rand der Waldai-Höhen, als der Winter einbrach. Ende Oktober griff das IR 27 bei Krutiki an. Das I. Bataillon überrannte eine russische Grabenstellung, dann eine Werferstellung. Lemms Kompanie machte 50 Gefangene und nahm eine Stellung der Russen mit zwei 7,62 cm-Pak die gefürchtete „Ratschbumm."

Die Kompanie von Oblt. Lemm blieb plötzlich allein vorn liegen. Sie hatte sich fünf Kilometer durch die Feindstellungen gebissen und mußte sich auf der Höhe 231.5 einigeln.

Als die Russen mit starken Kräften angriffen, forderte Lemm Artilleriefeuer an. An der Gegenstelle meldete sich mit einem Male der Divisionskommandeur, Generalmajor Walter von Seydlitz-Kurzbach, der im Frankreich-Feldzug mit dieser seiner Division am 15.8.1940 das Ritterkreuz erhalten hatte.

„Halten Sie Lemm", befahl der Kommandeur. „Am nächsten Morgen hauen wir Sie dort heraus. Alle Teile der Division greifen an."

Mit 130 Mann und den 50 Gefangenen lagen Lemms Leute und die zu ihnen aufgeschlossenen Teile der 2./IR 27 auf der Höhe. Der Angriff der Division am nächsten Morgen schlug nicht durch. 40 Stunden schon dauerte auf der Höhe der Abwehrkampf der kleinen Gruppe Lemm, bevor der Oberleutnant Handlungsfreiheit erhielt.

Er besprach sich mit seinen Kameraden Oblt. Müller. Beide kamen sie überein, daß sie ausbrechen mußten. Die schwächste Stelle lag nicht genau in der einzuschlagenden Richtung, aber sie wurde ausgewählt.

Mit einsetzendem Schneetreiben traten die Soldaten an. Es ging kämpfend durch Minenfelder, deren Gassen zum Glück für sie gekennzeichnet waren, die einige der vorangehenden Gefangenen erkundeten.

Noch einmal alle Kräfte zusammenreißend, durchstießen sie den Sicherungsgürtel der Russen und waren draußen. „Mit allen Verwundeten und Gefangenen", erklärte Heinz-Georg Lemm dem Autor.

Das Regiment griff noch einmal an und erreichte das Ufer des Seliger-Sees ostwärts Demjansk und ein starker Stoßtrupp gelangte bis zu den Wolgaquellen. Dann erstarrte die Front im Eis und Schneetreiben.

Was folgte waren die Tage, Wochen und Monate im Kessel von Demjansk, wie sie im Abschnitt Steglich dargestellt wurden.

In den Januartagen des Jahres 1942, seit dem 19.12.1941 trug Oblt. Lemm das Deutsche Kreuz in Gold, das er nicht zuletzt, um es mit seinen Worten zu beschreiben, „seiner 2. Kompanie verdankte."

An der Südfront des Kessels mit einem ad hoc zusammengestellten Bataillon in einer vorgeschobenen Stellung, die aus Schneewällen bestand, die in aller Eile aufgeschichtet und mit ein paar Balken zusammengehalten wurden, hatte Lemm dem Angriff russischer Regimenter und Brigaden standzuhalten, die hier durchzustoßen und den Gefechtsstand des II. AK zu erreichen versuchten.

Diese Feindtruppen kamen aus dem Osten Rußlands. Sie waren gut ausgerüstet, aber kampfunerfahrene Verbände. Zum Teil auf Skiern ließ deren Führung sie in dichten Angriffswellen über die freie Schneefläche vorgehen und gegen die deutschen MG und Granatwerfer anrennen. Die Verluste dieser Truppen waren fürchterlich.

Aber die eigene Front bestand auch nur aus dünn besetzten Stützpunkten, und so gelang den Russen oftmals ein örtlicher Einbruch. Dann galt es für Oberleutnant Lemm, mit einigen wenigen Füsilieren im sofortigen Gegenstoß die Lage wieder herzustellen.

Die Melder des Bataillonsstabes und die Kompanietrupps waren der Kern dieser Eingreifgruppe, die Lemm als junger Kompaniechef und Bataillonsführer nach vorn riß, um den ein-gebrochenen Gegner zu werfen und die Lage wieder herzustel-len.

Gerade in dieser kritischen Zeit erlebte Lemm nie, daß seine Soldaten unruhig wurden. „Wir werden rausgeholt", sagten sie immer wieder. Als dann im April der Verbindungsschlauch in den Kessel freigeschlagen worden war, mußte das Bataillon Lemm mehrfach als Feuerwehr dort antreten, wo dieser Schlauch – die Nabelschnur zur Versorgung aller Soldaten im Kessel – in Gefahr war, wieder abgeriegelt oder abgekniffen zu werden.

Hier kam es zu Kämpfen, die an Härte nicht mehr zu überbieten waren. Die Rote Armee hatte nun alle Kräfte eingesetzt, um den Kessel völlig zu zernieren und dann die darin lebenden 100.000 deutschen Soldaten einzusacken.

Einmal erlebte Lemms Bataillon ein Feindunternehmen, das ebenso irrsinnig wie kühn und völlig unglaubwürdig schien, wenn sie es nicht selber erlebt hätten.

In einer Nacht flogen die Russen eine Brigade Elitesoldaten ein und setzten sie o h n e Fallschirme aus fünfzig bis sechzig Metern Höhe ab, indem sie die Soldaten einfach in den Schnee springen ließen.

Es war die Brigade Tarassow, eine Bewährungseinheit, die – wie jene Fallschirmjäger die aus den östlichen Sümpfen in den Kessel eingesickert waren – den Kessel von innen aufsprengen sollten. Sie erlitten bereits beim Absprung schwere Verluste. Dennoch griffen die überlebenden Teile im rückwärtigen Bereich der Trosse und Stäbe an, überfielen Feldküchen und Handwerker-Züge. Die Troßsoldaten igelten sich gegen sie ein und nahmen den Kampf gegen die Tarassow-Soldaten auf.

Als ihr Brigadekommandeur, Oberst Tarassow, in einer der folgenden Nächte über den Abschnitt des FüsRgt. 27 hinweg zu den Russen gelangen wollte, die von „außen" angriffen, wurde er mit seiner engen Begleitung gefangen genommen.

„Tarassow", so Heinz-Georg Lemm, „war eine Persönlichkeit, die noch als junger Offizier unter dem Zaren gekämpft hatte. Er war – nach seinen Aussagen – dadurch belastet gewesen, daß er angeblich enger Mitarbeiter von Marschall Tuchatschewski gewesen war und lange Jahre in verschiedenen Lagern verbracht habe. Hier sollte er seinen Bewährungs- und Rehabilitierungseinsatz erhalten." (Marschall Tuchatschewski war am 11.6.1937 in Moskau hingerichtet worden. Als stellvertretender Verteidigungskommiss-ar hatte er von 1931 bis 1937 entscheidend zur Modernisierung der sowjetischen Streitkräfte beigetragen. Er wurde 1937 mit vielen anderen hohen und höchsten Offizieren der Roten Armee wegen angeblicher Spionage und staatsfeindlicher Beziehungen zum Tode verurteilt.

Nach Stalins Tod und der „Entstalinisierung wurde er rehabilitiert. In der „großen Tschistka" = Säuberung waren von 1935 bis 1939 etwa 6.000 hohe und höchste Offiziere der Roten Armee liquidiert worden.

Die Masse der Truppen Tarassows bestand ebenfalls aus Bewährungssoldaten, die bei Zusicherung des Straferlasses diesen selbstmörderischen Einsatz übernommen hatten. Die gesamte Brigade wurde vernichtet.

Das „Feuerwehr-Bataillon" Lemms kämpfte immer wieder auch im Bereich der Nachbar-Divisionen- und -Regimenter. Als Teile einer Infanterie-Division aus Dänemark (Freiwillige der Waffen-SS) eingeflogen wurden, mußten Lemms Männer immer wieder bei ihnen aushelfen und den rußlandunerfahrenen Kammeraden zu Hilfe eilen.

Neben den beiden Soldaten Lemm und Steglich war es noch der Oberleutnant Wilhelm Osterhold, Chef der 12./IR 27, der an den Krisenpunkten dabei war und am 3.6.1942 das Deutsche Kreuz in Gold erhielt. (Als Major und Kdr. des III./FüsRgt. 27 errang Osterhold am 26.3.1944 das Ritterkreuz und wurde am 10.2.1945 mit dem 732. Eichenlaub zum RK ausgezeichnet.)

Am 17. Februar begann unter dem Stichwort „Ziethen" die Räumung des Kessels von Demjansk.

Die Soldaten atmeten auf. Nun kam es nur noch darauf an, diese Räumung generalstabsmäßig s o durchzuführen, daß weder Verwundete noch Soldaten oder Versorgungsgüter, Waffen und Munition im Kessel als wohlfeile Beute zurückblieben.

(Dieser letzte Abschnitt wird am Schluß des Werkes dargestellt). Heinz Georg Lemm erhielt das Ritterkreuz am 14. April 1943. Am 11. Juli 1944 wurde er mit dem 525. Eichenlaub zum RK ausgezeichnet, und die 137. Schwerter erhielt er am 15. März 1945.

DAS II. ARMEEKORPS IN DEMJANSK EINGESCHLOSSEN

Aufgaben der 16. Armee

Die Rote Armee setzte ihren Schwerpunkt der Winterkämpfe südlich Staraja Russa beim II. AK an. Genau dort, wo die Nahtlinie zwischen der Heeresgruppe Mitte und Nord verlief.

Es war die 3. und 4. Stoßarmee der Russen, die am 9. Januar nach einem Trommelfeuer von zwei Stunden Dauer angriffen und mit den Schützen-Divisionen 357, 360, 358, 249, 332 und 334 (von rechts nach links, siehe Kartenskizze) angriffen. Diesem Großangriff schlossen sich einige Panzerbrigaden und drei Ski-Bataillone beiderseits Ostaschkow am Seliger-See nach Westen an.

Der Hauptstoß traf zunächst die unter dem Kommando von Generalmajor Erwin Rauch stehende 123. ID, die Rauch am 6.8.1941 übernommen hatte. Er hatte bereits am 22.12.1941 das Ritterkreuz erhalten und stand mit seinen 52 Jahren mit seinen Soldaten in manchen kritischen Phasen des Kampfes seinen Mann. Diesmal aber war gegen diese Übermacht an Menschen und schweren Waffen nichts zu machen. Sein Gegenüber,

Generalleutnant Eremenko, stieß mit seinen beiden Armeen entlang der Bahnlinie vor, erkämpfte den Weg nach Peno am Penosee und hatte damit bereits die Nahtlinie der beiden deutschen Heeresgruppen durchbrochen.

Es war die 3. Stoßarmee, einer der Eliteverbände der Roten Armee, welche die 123. ID auseinanderwirbelte und in einem Zuge nach Cholm weiter vorging. Ihre Panzerverbände traten in starken Rudeln auf.

Das AOK 16 stand vor einer unlösbaren Aufgabe, denn ihr standen keine Reserven zur Verfügung. Lediglich das IR 189 der 81. ID, die im Bahntransport heranrollte, hatte bereits Toropez erreicht und wurde unmittelbar nach dem Ausladen nach Norden in Marsch gesetzt. Auch die 81. ID war weder mit Winterausrüstung versehen, noch verfügte sie über schwere Waffen. Dies alles, vor allem das Fehlen der Winterbekleidung zeigte auf, daß die dafür zuständigen deutschen Stellen nicht im Stande waren, diesem Mangel abzuhelfen, obgleich seit Dezember klar war, daß der russische Winter mit Macht eingebrochen war.

Das IR 189 mit der schnell nachgeführten II./AR 181 und der 3./PiBatl. 181, ein oberschlesischer Verband, stemmte sich der Flut von vier voll ausgestatteten und mit Panzer- und Skiverbänden verstärkten russischen Schützen-Divisionen entgegen. Es war Oberst Heinrich Hohmeyer (nach seinem Soldatentod am 1.6.1942 bei Dubno noch zum Generalmajor befördert,) der dieses Regiment führte.

Mit seinen 1.100 Männern fand der Oberst bei Ochwat und Lauga den Tod.

Die von ihrem Kommandeur, Oberstleutnant Proske geführte II./AR 181 konnte mit 40 Mann dem Inferno entkommen, das neben den vielen Kanonieren auch deren Kommandeur verschlang.

Cholm stand in großer Gefahr zu fallen und damit wäre für die 16. Armee eine wichtige „Festung" gefallen, zu welchem „Rang" die 12.000-Seelen-Stadt schließlich zählte.

Generalmajor Theodor Scherer, Kommandeur der 281. Sicherungs-Division, wurde zum Kommandanten der „Festung Cholm" ernannt und als die Panzer der 3. Sowjetischen

Stoßarmee Cholm erreichten und einschlossen, war diese Stadt fest der Hand der „Kampfgruppe Scherer" und seit Ende Januar war sie völlig eingeschlossen und mußte aus der Luft versorgt werden.

In dieser Aktion verloren die Transportverbände 27 ihrer JU 52, und eine Reihe Lastensegler. Cholm wurde gehalten. Theodor Scherer erhielt am 20.2.1942 das Ritterkreuz und wurde am 5.5.1942, nachdem er die Stadt gegen jeden Angriff der Roten Armee verteidigt hatte, als 92. deutscher Soldat mit dem Eichenlaub zum Ritterkreuz ausgezeichnet.

Nachdem der Oberbefehlshaber der 16. Armee am 9. Januar 1942 seinem Freund und Kameraden, Generalleutnant Graf von Brockdorff-Ahlefeldt, Kommandierender General des II. Armeekorps, dies mitgeteilt hatte, begannen die Besprechungen von Generalfeldmarschall Ritter von Leeb mit den Kommandierenden Generälen der Heeresgruppe Nord und seine Intervention im Führerhauptquartier, den Rückzug hinter die Lowatj zu genehmigen, mit dem Resultat, des in dem betreffenden Abschnitt dargelegt wurde.

Die II. Armee geriet immer stärker in Gefahr, völlig eingeschlossen zu werden und Mitte Januar 1942 gab es keine Südfront der 16. Armee mehr. Mit allen zur Verfügung stehenden Mitteln, und diese waren gering genug, bauten die 32. ID unter Generalmajor Bohnstedt und die schwer angeschlagene 123. ID unter Generalmajor Lauch eine neue Südfront auf. Die beiden Divisionen, die insgesamt nur etwa noch 50 Prozent ihres Bestandes hatten, sollten eine Front von 190 Kilometer Ausdehnung halten. Dies gegen einen sich täglich verstärkenden Feind, der sich in eine 90 Kilometer breite Lücke warf, wie eine Sturzwoge hindurchrollte und die beiden genannten Divisionen wegfegte.

Der Kessel von Demjansk schloß sich. Darin eingeschlossen waren sechs Divisionen.

Die Verteidiger und ihr General

Am Nachmittag des 9. Februar 1942 ließ sich Generalleutnant von Brockdorff-Ahelfeldt mit dem Chef des Generalstabes der 16. Armee verbinden. Das war einen Tag, nachdem sich der Kessel um Demjansk geschlossen hatte, ohne daß die Fernsprechleitung vom Feind unterbrochen worden wäre.

Mitten im Gespräch mit Oberst im Generalstab Wuthmann unterbrach der Telefonist der Korpsvermittlung dasselbe und sagte: „Ich unterbreche. Der Feind ist in der Leitung."

Generalleutnant von Brockdorff-Ahlefeld legte den Hörer auf die Gabel und erklärte den wartenden Stabsoffizieren: „Ich habe soeben das letzte Gespräch über Telefon mit der Armee geführt." Der Korpsadjutant, der am Kartentisch saß, blickte den General erwartungsvoll an. „Herr General, ist der Ring damit geschlossen?" „Sicher" erwiderte dieser. „Klare Verhältnisse ab jetzt. Alles weitere wird sich finden."

Ostwärts des Lowatj hatte die Rote Armee ihre Zange um die sechs Divisionen im Großraum Demjansk geschlossen. Am Tage vorher hatte sie die letzte Nachschubstraße von Staraja Russa nach Demjansk unterbrochen und dort Stellung bezogen. Unter direktem Beschuß durch Panzer und Artillerie waren bis zum Sonnenuntergang des 8. Februar die letzten Versorgungsfahrzeuge durchgekommen. Sie hatten bereits die Gewißheit mitgebracht, daß nun das II. AK auf sich selbst gestellt war. Die Unterbrechung der Telefonverbindung war nur noch ein Schlußakkord.

Daß sich immer noch weitere Stützpunkte hielten, ist in den Abschnitten über die einzelnen Divisionen dargelegt worden.

Dieser 9. Februar 1942 blieb in der Erinnerung derjenigen, die ihn an den Brennpunkten erlebten, unvergeßlich, denn an diesem Tage hatte ein Schneesturm eingesetzt, wie er bisher noch nicht gesehen worden war. Das Thermometer fiel in der Nacht auf 50 Grad minus. Das Gebiet von Demjansk, diese etwa 3000 Quadratkilometer verschneiten und vereisten Geländes und den Distanzen von 50 bis 70 Kilometer voneinander entfernt liegenden Fronten des Kesselgebietes, hatte einen Gesamtumfang von

300 Kilometern. Demzufolge waren von den sechs Divisionen darin jeweils im Schnitt 50 Kilometer Frontabschnitt zu besetzen und gegen alle Angriffe zu halten.

Die Wehrmachtführung verschwieg weitgehend diesen Kessel und nannte ihn in der offiziellen Geschichtsschreibung und in ihren Meldungen nur „Festung Demjansk."

Die Landser aber hatten eine ganz besondere Beschreibung dafür. Für sie war dieses Stück Land, das sie zu verteidigen hatten, nur die „Grafschaft" und derjenige, der ihr diesen Namen gegeben hatte, war niemand anderer als Generalleutnant Walter Graf von Brockdorff-Ahlefeldt. 54 Jahre alt, ganz der preußische Offizier alter Schule, dazu ein Soldat, der für jeden seiner unterstellten Soldaten sorgte, wie für sich selbst. Und das war keine Phrase, wie die vielen Besprechungen des Autors mit Mitkämpfern unter Beweis stellten. Was er von seinen rund 100.000 Soldaten verlangte, das lebte er ihnen vor: „Pflichterfüllung."

Mit seinem Korpsstab übernahm er die Führung der sechs ihm unterstehenden Divisionen. Sein Hauptquartier hatte er in dem kleinen nahe Demjansk gelegenen Dorf Dobrossli, nur drei Kilometer westlich der „Grafschaft", eingerichtet.

Die gefährdeten Stellen an der Kesselfront sind in einigen Schilderungen bereits genannt worden. Es waren allenfalls Stützpunkte im Eis. Dort kämpfte die 290. ID hart westlich des zugefrorenen Newij-Moch-Sumpfes und am Lowatj und hielt vor allem in Wswad eisern stand, ehe sie zurückgenommen wurde.

Darüber hinaus waren es die Teile der SS-Totenkopf-Division und die 32. ID. Von dieser Division kämpften Einheiten bis zu Regimentsstärke in allen Frontabschnitten und unter verschiedenen Unterstellungen, so auch unter der Kampfgruppe Eicke.

Nachdem der Feind am 9. Februar die direkte Drahtleitung von der 16. Armee zum II. AK gefunden und durchschnitten hatte, versuchte die Korpsführung, diese Verbindung wieder herzustellen. Dazu wurde die Gruppe Allemdinger unter Generalmajor Karl Allemdinger eingesetzt, der die 5. Jäger-Division führte, mit der er am 17.7.1941 das Ritterkreuz errang. (Am 13.12.1943 erhielt er als Generalleutnant das 153. Eichenlaub zum

Ritterkreuz).

Die Gruppe konnte gegenüber einem vielfach stärkeren Feind diese Aufgabe nicht erfüllen.

Während bei der 32. ID vom 9. bis zum 13. Februar nur geringe Gefechtstätigkeit herrschte, kam es an der Westfront des Kessels zu einigen schweren russischen Angriffen.

Am 14. Februar stellte das II. AK durch seinen Quartiermeister die Anforderung zur Luftversorgung durch Abwurf von Versorgungsbehäl-tern. Der vom Chef des Generalstabes des II. AK unterzeichnete Antrag lautete:

„Anforderungen für Versorgung durch die Luft sind ab sofort in Behältern anzugeben. Es wird nochmals nachdrücklich darauf hingewiesen, daß Anforderungen für den nächsten Tag bis 16.00 Uhr beim II. AK/Quartiermeister eingetroffen sein müssen, da sonst wenig Aussicht auf Durchführung besteht."

Dieser Antrag wurde den sechs Divisionen im Kessel in Durchschrift übergeben. Um diese hier neue Art der „Verpackung" in Behältern annähernd abschätzen zu können, wurde in einem Merkblatt eine Übersicht darüber gegeben. Demnach fasste ein Behälter, je nach Art der Versorgungsgüter:

110 Liter Betriebsstoff oder

50 Portionen Mundverpflegung oder

60 Kilogramm Mehl oder

40 Kilogramm Hafer.

Die Munitionsmengen je Behälter wurden wie folgt beziffert:

7.500 Schuß MG-Munition oder

30 Schuß für leichte Feldhaubitzen oder

300 Eihandgranaten oder

170 Stück leichte Werfer-Granaten oder

43 schwere Werfer-Granaten oder

300 Granaten für die 2 cm-FlaMW oder

130 3,7 cm Pakgranaten oder

20 Granaten für die 5 cm-Pak.

Versorgungsgüter in Spezialverpackungen für jeweils einen Behälter waren ferner:

30 Fleischkonserven zu je 200 Gramm, 17 Dauerbrote,

30 Dosen Schoka Kola, 30 Rollen Drops, 5 Mischkonserven, 6 Schmalzkonserven, 300 Zigaretten, 200 Gramm Tee, 1,5 Kilo Zucker und 15 Erbskonserven.

An dieser Stelle sei auch jener Einheiten und Verbände gedacht, die diese Versorgungsflüge durchzuführen hatten. Es waren die Transportflieger-Staffeln und Gruppen unter ihrem Lufttransportführer Friedrich-Wilhelm Morzik, von seinen Freunden und auch offiziell „Fritz" genannt.

Morzik hatte im Kaiserlichen Heer im Ersten Weltkrieg gedient, wurde nach Kriegsschluß in die Polizei übernommen, um am 21.3.1921 auszuscheiden.

Am 1.5.1934 war er als Hauptmann in die Deutsche Luftwaffe eingetreten und stand seit dem 1.6.1940 im Range eines Oberst.

Flugplatzbau und Abflughäfen

Die Vorbereitungen zum Bau zweier Landebahnen zur Versorgung der Festung Demjansk begann bereits am 24. Januar 1942, als das II. AK melden mußte, daß nicht nur Reserven fehlten, sondern auch keine winterbeweglichen Truppen auf dem Luftwege herangeschafft werden konnten. Von den mindestens 200 Tonnen täglicher Versorgungsgüter ganz zu schweigen. Einer der Sätze jener Meldung lautete unverblümt: „Die Truppe erhält bereits seit 14 Tagen nur 2/3 und die Pferde 1/3 der zustehenden Verpflegungsrationen."

Es war dem Kommandierenden General klar, daß sich dieser Zustand sehr bald katastrophal auswirken mußte, wenn erst „alles dicht" war. Der Stab des II. AK ließ Bautruppen des Heeres, der Luftwaffe und der Polizei anfordern, die gemeinsam mit russischen Gefangenen auf dem flachen Plateau hart südostwärts von Demjansk einen behelfsmäßigen Flugplatz anlegten.

Binnen weniger Wochen gelang es, die 800 Meter lange und 50 Meter breite Startbahn zu bauen, die mit den Liegeplätzen daneben Gewähr dafür war, daß etwa bis zu 30 Ju 52 gleichzeitig unterkommen konnten.

Daß dies nicht ausreichte, daß man für Notlandungen und weite-

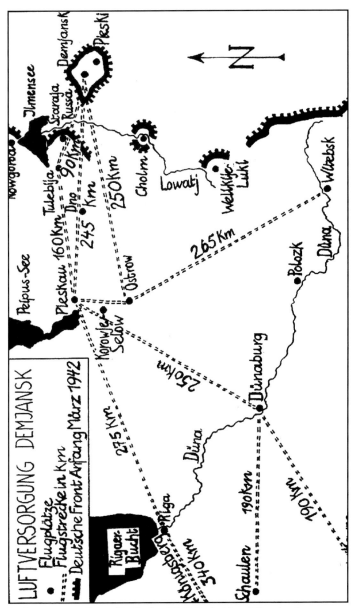

Luftversorgungslinien für Cholm, Welikije Luki und Demjansk.

87

re Sonderlandungen noch einen kleineren Platz benötigte, war einsichtig. Deshalb wurde mit den gleichen Baumannschaften bei Pestki ein zweiter Landeplatz errichtet. Dieser erhielt eine Lande- und Startbahn von 600 Metern Länge und 30 Metern Breite. Er war nur für drei bis vier Ju 52 eingerichtet.

Am 18. Februar befahl das OKL die Verlegung des Stabes des Lufttransportführers in den Raum der Luftflotte 1 unter Generaloberst Keller, dessen Chef des Stabes wie Keller selber ein „Alter Adler" war: Oberst im Generalstab Rieckhoff.

Bis zu diesem 18.2. hatten dem Oberquartiermeister der Luftflotte 1, Generalmajor Dietrich von Criegern (seit 1.4.1943, vorher noch Oberst), nur die Kampffliegergruppe z. b. V. 172 unterstanden. Diese war für den Gesamtbereich der Heeresgruppe Nord zuständig.

Der Führungsstab des Lufttransportführers richtete sich auf dem Liegeplatz des Kampfgeschwaders 4 in Pleskau-Süd ein. Dieser Lufttransportführer-Stab war im Dezember 1941 eingerichtet worden als es darum ging, nach Anbruch der russischen Winteroffensive eingeschlossene Verbände mit dem Notwendigsten zu versorgen.

Mit der neuen Offensive der Roten Armee im Nordabschnitt der Ostfront, die zur Abschnürung der Nachschubwege der Heeresgruppe Mitte geplant war, wurden fast alle Lufttransportgruppen in diesen Raum befohlen. Oberst Morzik erhielt Weisung, das II. Armeekorps zu versorgen.

Hauptmann Diemer von der Quartierabteilung im AOK 16 brachte den ersten Versorgungsflug in Gang. Die ersten Abwürfe von Munition und Versorgungsgütern wurden allerdings mit der He 111 geflogen, die ihre Versorgungscontainer im Abschnitt der 123. ID warfen.

Von ihren Flugplätzen in Riga, Dünaburg und Seerappen starteten die Maschinen voll beladen zu den Flugplätzen in Pleskau, Ostrow und Korowje Selo zum Auftanken. Etwas später konnten die Startplätze näher an die „Festung Demjansk" herangelegt werden. Nun wurde aus Dno und Tuleblja gestartet.

Eingang März wurden alle Transportfliegerverbände durch das OKL aus dem Mittelabschnitt, wo immer sie entbehrlich waren, in den Nordraum verlegt. Die in Deutschland erfolgten Neuaufstellungen kamen hinzu. Zu den Ju 52 gesellten sich einige Ju 96 und Ju 90, sowie He 111; letztere kamen von den Blindflugschulen Staaken, Stettin und Heiligenbeil.

Als Kommandeur der Kampfgruppe z. b. V. 1 und seit dem 1.5.1941 als Kommandeur der Großraum-Lastenseglergruppe Me 321, war er ein erfahrener Kommodore der Transportflieger geworden, der seit dem 1.10.1941 als Lufttransportführer beim Generalquartiermeiser der Luftwaffe diente.

Am 18.2.1942 befahl das Oberkommando der Luftwaffe die Verlegung der Dienststelle dieses Lufttransportführers aus dem Raume Smolensk in den Bereich der Luftflotte 1.

Am selben 18.2.1942 hatte General von Brockdorff-Ahlefeldt seinen ersten Tagesbefehl nach der Einschließung seines Korps herausgegebeben:

„Seit einiger Zeit ist es den Russen gelungen, ostwärts Staraja Russa unsere Front zu durchbrechen, nach Süden vorzustoßen und so die Nachschubstraße des II. AK abzuschneiden.

Unsere Verpflegung und Munitionierung erfolgen nunmehr durch die Luft. Unsere Verpflegung wird ausreichend sein. Sollte sie knapp werden, so habe ich befohlen, daß der am Feind stehende Soldat bevorzugt verpflegt werden soll, während bei den Stäben und so weiter eingespart wird.

Dies gilt besonders für Brot. Wir sind 96.000 Mann. Der deutsche Soldat ist dem russischen überlegen; das aber ist das Entscheidende. So mögen wohl harte Wochen kommen, wir werden die bestehen."

Die Luftwaffe bei der Versorgung von Demjansk

Kommandierender General des I. Fliegerkorps war General der Flieger Helmuth Förster. Er war „Alter Adler" und wurde im Ersten Weltkrieg mit dem Ritterkreuz des Königlichen Hausordens von Hohenzollern mit Schwertern ausgezeichnet. (Am 22. Februar 1942 erhielt er das Ritterkreuz). General Förster gab Oberst Morzik völlig freie Hand und unterstützte dieses große Vorhaben – es war immerhin die erste Luftversorgung einer Truppe von 100.000 Mann und damit ein Novum in der Geschichte des Luftkrieges.

Im Verlaufe der Luftversorgung von Demjansk (und teilweise auch für Cholm) waren folgende Kampfgruppen eingesetzt worden:

Kampfgruppe z.b.V. 600	-	Vom 19. Februar bis zum 18. Mai 1942
Kampfgruppe z.b.V. 700	-	Vom 19. Februar bis zum 18. Mai 1942
Kampfgruppe z.b.V. 4	-	Von März bis April 1942
Kampfgruppe z.b.V. 5	-	Von März bis Juni 1942
Kampfgruppe z.b.V. 6	-	Ende März 1942 aufgelöst
Kampfgruppe z.b.V. 7	-	Ende März 1942 aufgelöst
Kampfgruppe z.b.V. 8	-	Vom 1. März bis 30. April 1942
Kampfgruppe z.b.V. „Posen"-		Keine genauen Angaben über den Einsatzzeitpunkt
Kampfgruppe z.b.V. „Oels" -		Keine genauen Angaben über den Einsatzzeitraum.

Insgesamt flogen die genannten Gruppen und einige wenige andere, die nur für kurze Zeit für Demjansk flogen, 33.086 Einsätze. Dabei erlitten sie schwere Verluste, die umso höher wogen, als sie nicht ersetzt werden konnten. Wenig später wurden für Stalingrad und Tunesien Hunderte Ju 52 benötigt, die nicht mehr zur Verfügung standen, weil in Cholm und Demjansk, wo die Transportgruppen in ihren Einsätzen durch Eis und Schnee, feindliche Jäger und Schlachtflieger und Unfälle 265 Ju 52 verloren, die in den Wäldern und Sümpfen zwischen der Lowatj und dem Waldai-Gebirge vernichtet worden waren.

In den Versorgungsflügen nach Demjansk, die ja über das ganze Jahr 1942 andauerten, hatten die genannten und einige hier nicht aufgeführte Transportgruppen 64.844 Tonnen Güter und Munition aller Art nach Demjansk geschafft und auf dem Rückwege 35.400 Verwundete ausgeflogen und sie vor dem Tode gerettet.

Dies war eine großartige Leistung der lahmen „Tante Ju" und konnte nicht hoch genug bewertet werden. Es war für jeden Transportflieger, der über Demjansk flog, eine große Ehre, daß ihr Kommodore, Oberst Fritz Morzik für diese ihre Gesamtleistung am 16. April 1942 das Ritterkreuz erhielt.

Nachgetragen seien folgende Transportflieger-Verbände, die ebenfalls zur Luftversorgung vom Demjansk beitrugen: Diese gehörten zum Kampfgeschwader z.b.V. 1.

Kampfgeschwader z.b.V. 1 (I./KG z.b.V.1)
Vom 19. Februar bis zum 18. Mai 1942
II./Kampfgeschwader 1 z.b.V. (II.TT.G. 1)
Demjansk-Cholm (ohne exakte Angaben)
IV./Kampfgeschwader z.b.V. 1 (IV./T.G.1)
19. Februar bis 18. Mai 1942
I./Kampfgeschwader z.b.V. 172
Vom 19. Februar bis zum 18. Mai 1942
Kampfgruppe z.b.V. 9 (I./T.G. 3)
Vom 19. Februar bis zum 18. Mai 1942
Kampfgeschwader z.b.V. 4 (Luftverkehrsgruppe)
Anfang März bis 18. Mai 1942
Kampfgruppe z.b.V. 500 (als Gruppe z.b.V. „Oels")
Vom 19. Februar bis zum 18. Mai 1942

Ohne diese Männer und ihre Führung wäre Demjansk nicht durchgekommen. Sie hatten einen Håuptanteil daran, daß sich die Festung im Eis über ein Jahr lang halten konnte. Geben wir an dieser Stelle Generalmajor a. D. Morzik das Schlußwort:

„Hohes fliegerisches Können und stiller, harter Einsatz – ohne nach dem Glanz des äußeren Erfolges zu fragen – das waren soldatische Eigenschaften, aus denen die Transportflieger der deutschen Wehrmacht geformt wurden.

Die Landser in den Kesseln und bei abgeschnittenen Verbänden suchten sehnsüchtig den Horizont ab, freuten sich dankbar über jede Ju 52 die ihnen Munition, Verpflegung, Sanitätsmaterial oder Feldpost brachte.

Für die Besatzungen war der Dank der ausgeflogenen Verwundeten und Kranken höchste Anerkennung.

Das, was die Transportflieger – Fußvolk der Luft genannt – mit den braven Männern des Bodenpersonals im Zweiten Weltkrieg an Tapferkeit, Pflichterfüllung, an Opferbereitschaft und guter Kameradschaft wirklich gezeigt haben, wird eine spätere, objektive Geschichtsbeschreibung zu würdigen wissen." (Am Standort des Luftwaffen-Ehrenmals in Fürstenfeldbruck konnte der Autor alle gebundenen Ehrenbücher der deutschen Luftwaffe einsehen und so auch jene der Transportflieger studieren. Daraus resultierten diese knappen Unterlagen.)

Die Berechnungen des Ib des II. AK Major i.G. Pridun und seines O2, Hptm. Joermann, hatten einen täglichen Nachschubbedarf von 200 Tonnen (darin eingeschlossen Munition und Betriebsstoff) als zur Versorgung notwenig errechnet. Dies bedeutete, daß Tag für Tag mindestens 100 Ju 52 jeweils 2 Tonnen Güter in die „Festung" brachten.

Daß diese Zahl infolge der Witterungsverhältnisse nicht stets eingehalten werden konnte, verstand sich. Aber es gab auch Tage, an denen 150 Ju 52 auf dem Flugplatz nahe Demjansk landeten und 265 Tonnen Versorgungsgüter heranschafften. Aus den KTB der Transportflieger ist zu entnehmen, daß es einmal an einem Tage glückte 380 Tonnen (!) einzufliegen und etwa 700 Verwundete auszufliegen.

Diese erste Luftbrücke der Geschichte, auf einem einzigen kleinen Flugplatz, mit einem ebenso kleinen Funkfeuer ausgestattet, durchzuhalten, erforderte den letzten Einsatz vor allem des Bodenpersonals und der Be- und Entladegruppen.

Mit ihren drei MG mußten sich die Ju 52 immer wieder gegen angreifende Feindjäger durchsetzen. Mehrfach wurden diese Jäger beim Anflug der deutschen Transporter alarmiert und stürzten sich auf die Ju 52 während deren Landungen.

Flugleiter auf dem Platz bei Demjansk war Oberleutnant Meyer. Er stand selber in der ersten Reihe und packte mit seinen Männern an, wenn in den brennenden Maschinen Versorgungsgüter lagen, um diese zu bergen.

Besonders tragisch war es, wenn Maschinen mit Nachersatz landeten und bei der Landung oder unmittelbar danach von Feindjägern und Schlachtfliegern angegriffen und in Brand geschossen wurden, denn jede der Maschinen hatte 22 Infanteristen an Bord. So fanden viele der nach Demjansk eingeflogenen deutschen Soldaten den Tod, noch ehe sie den ersten Schuß im Kessel abgeschossen hatten.

Bei jedem Rückflug saßen bis zu 20 Verwundete im Laderaum, oder es wurden 10 bis 15, auf Tragen gebettet, eingeladen.

Es gab Staffeln der Transportgruppen, die bis zu dreimal am Tage starteten. Die Staffel unter Oberstleutnant Ludwig Beckmann, der die Kampfgruppe z.b.V. 500 führte, meldete Ende Mai 1942 den 5.000 Demjansk-Einsatz. (Beckmann erhielt am 14. März 1943 das Ritterkreuz).

Oberst Theodor Beckmann, Kommandeur der IV./Kampfgeschwader z.b.V. 1 wurde bereits am 23.12.1942 mit dem Ritterkreuz ausgezeichnet.

Daß es den Lufttransportverbänden unter Oberst, dann Generalmajor Morzik gelang, während des Zweiten Weltkrieges an allen bedrohten Frontabschnitten eingesetzt, insgesamt 685.000 Verwundete zu retten, ist eines der großartigsten Kapitel dieses grauenvollen Krieges, das niemals seine ihm gebührende Ehrung erfuhr. Sie waren eben, wie ihr Kommodore es sagte: „Die Stillen im Lande, die selbstverständlich und ohne Aufsehen ihre Pflicht taten." (Brief an den Autor 1970).

Das I. Fliegerkorps hatte darüber hinaus auch den Luftraum über der Heeresgruppe Nord zu schützen. Ihr Einsatzschwerpunkt lag bei der 16. Armee und hier vor allem im Raume Cholm und Demjansk.

Im Januar 1942 flogen in diesem Raum etwa 75 Flugzeuge ihre Einsätze. Darunter waren 40 Jäger, 22 Kampfflugzeuge und 10 Ju 87, einige Aufklärer kamen hinzu. Diese flogen im Januar insgesamt 1.476 Einsätze, bei denen acht Kampfflugzeuge, zwei Jäger und ein Aufklärer verloren gingen. Bei den 3.423 Einsätzen im Februar mußte der Verlust von 13 Kampfflugzeugen, fünf Jägern und zwei Aufklärern hingenommen werden.

Die feindlichen Luftwaffenverbände verloren in diesem Zeitraum Januar – Februar 1942 223 Flugzeuge.

(Siehe ganzseitige Karte über: DIE LUFTVERSORGUNG VON DEMJANSK)

DIE GROSSE LAGE

Beim II. und X. Armeekorps

Nachdem Hitler seinen persönlichen Adjutanten, Generalmajor Rudolf Schmundt, in die „Festung" geschickt und dieser mit General von Brockdorff-Ahlefeldt lange und deutliche Gespräche geführt hatte, in denen der Kommandierende General eindeutig auf die kritische Lage hinwies und die drohende Gefahr für das Korps und auch für die 16. Armee deutlich machte, war auch Schmundt der Überzeugung, daß jene einzelnen, noch immer vorspringenden Stellungen einiger Divisionen in die Festung zurückgezogen werden mußten. Beide kamen darin überein, daß Schmundt dem Führer Meldung machen werde, und daß der Kommandierende General nach einer Rücksprache mit dem Oberbefehlshaber der 16. Armee, Generaloberst Busch, die gleichen Argumente vertreten möge, um sie sodann auch Hitler persönlich vorzutragen.

Es ging vor allem darum, die Floskel vom „Blut sparen" auch in die Tat umzusetzen. Dies konnte nur duch jene Rückzugsbewegungen geschehen, die der Graf mit seinem Stab erarbeitet hatte.

Das Gespräch zwischen den beiden Soldaten Busch und von Brockdorff-Ahlefeldt verlief harmonisch. Der Oberbefehlshaber der 16. Armee stimmte mit den Vorschlägen seines Kommandierenden Generals des II. Armeekorps voll überein.

„Sie müssen dies alles Hitler persönlich vortragen. Dieser Argumentation wird er sich nicht verschließen können, denn Sie kommen vom Ort der Geschehnisse und wissen, worüber Sie sprechen."

Am 2. März 1942 trug Generalleutnant von Brockdorff-Ahlefeldt

Hitler in diesem Sinne vor. Hitler stimmte zu und gestattete den Rückzug der exponierten Verbände in die Festung.

Auch hier zeigte es sich wieder, daß Hitler den Frontgeneralen vertraute und auf ihren Sachverstand baute. Hitler wußte, daß General von Brockdorff-Ahlefeldt keiner seiner Verehrer war, er war aber gleichzeitig davon überzeugt, daß dieser als Soldat, Offizier und Truppenführer niemals etwas geschehen lassen würde, was seiner Truppe zum Schaden gereichte. Seine 100.000 Mann waren dem General anvertraut, und er trug für sie die volle Verantwortung. Das drückte sich auch in seinen Worten Hitler gegenüber aus.

Um besser führen zu können und sich nicht zu verzetteln, setzte der Kommandierende General des II. AK an der Westseite des Kessels eine neue Kommandostelle ein. Dies sicherte die Westfront, um ihm selber den Rücken frei zu machen und sich mit seinem Stab für die Kampfführung an den übrigen Fronten frei zu machen.

Unter der Führung von Generalleutnant Hans Zorn, der vorher Kommandeur der 20. ID (mot.) gewesen war und am 27.7.1941 das Ritterkreuz erhalten hatte, ließ der KommGen. des II. AK eine Korpsgruppe Zorn zusammenstellen. Diese bestand aus folgenden Verbänden:

290. Infanterie-Division
SS-Totenkopf-Division und dem
Artilleriekommando (Arko) 105.

Generalleutnant Zorn mußte erst vom Mittelabschnitt der Ostfront her eingeflogen werden. Er traf am 12. März in Demjansk ein und erwies sich als entscheidende Hilfe für den bereits erkrankten Kommandierenden General des II. AK. In Koloma an der Pola richtete GenLt. Zorn sein Hauptquartier ein. Das Armeeoberkommando 16 plante bereits seit geraumer Zeit die Verbindung zwischen dem X. und II. Armeekorps wieder herzustellen. Hierzu sollte eine kampfstarke Gruppe von Westen her antreten, während ihr von Osten, aus dem Kessel heraus die Korpsgruppe Zorn zu gegebener Zeit entgegenstoßen würde.

Doch nun zurück zu jenen Kampfdivisionen, die im Einsatzraum Demjansk an erster Stelle im Abwehrkampf standen.

Bei der 290. Infanterie-Division im Einsatzraum Borki

Nach dem gefahrvollen Rückzug aus Wswad, wo die Kampfgruppe unter Hptm. Pröhl zwei Wochen einem übermächtigen Feind standgehalten hatte, stand ein Teil der Division im Kessel von Demjansk, während sich der Rest seit eingangs Januar 1942 in einem anderen Kessel befand, den die Russen um diese Einheiten herum eingerichtet hatten.

Am 12. Februar sollte der Ausbruch daraus in die „Festung Demjansk" erfolgen. Zu diesem Zweck wurden einige Kampfgruppen zusammengestellt, deren Aufgabe es war, den Ausbruch über die mit Feindtruppen vollbelegte Ortschaft Borki an der Pola zu erzielen.

Dazu griffen am frühen Morgen des 12. Februar 1942 Stukas und Ju 88 Borki an und pflügten den Friedhof der Ortschaft, auf dem sich – nach der Meinung der Angriffsführer – die Russen verschanzt hatten, um.

Dort befanden sich allerdings keine Russen, sondern nur acht bis zehn Offiziere der ausbrechenden deutschen Einheiten und einige Melder. Sie hatten Befehl erhalten, das Angriffsgelände in und um Borki zu erkunden und eine Schwachstelle zum Durchbruch zu finden.

In die Ortschaft fiel keine Bombe. Auf dem Friedhof blieben nur Leutnant Silzner und der Gefreite Jauernig unverwundet. Drei oder vier Offiziere waren gefallen, die übrigen verwundet.

Dennoch wurde bis zum Abend des 12. Februar viermal versucht, an Borki heranzukommen. Hier der Bericht von Leutnant Silzner, der als Chef der 11./IR 501 dort im Einsatz stand.

„Als ich es mit mir zugeführten Männern, die irgendwo zusammengerafft worden waren, noch einmal versuchen sollte, wandte ich mich gegen dieses Selbstmordkommando. Ich machte Oberstleutnant Hermann Beeken, Kommandeur des AR 290, der die Gesamtoperation führte, den Vorschlag, mit meinen Männern der 11. Kompanie in das am nächsten gelegene Dorf Nowo Cherenka heranzuschleichen und unter dem direkten Schutz durch unsere MG-Gruppen das Dorf in Besitz zu nehmen, in dem keine oder nur geringe russische Truppen lagen.

Von Nowo Cherenka aus nehmen wir das anschließende Cherenka. Sobald wir diese beiden Dörfer besetzt haben, schwenken wir nach Nordwesten ein und gehen dann von Süden an Borki heran.

Zur Ablenkung der Feindbesatzung in Borki müßten Sie, Herr Oberstleutnant, den Ort aus der bisherigen Angriffsrichtung mit Feuer belegen."

Oberstleutnant Beeken, seit dem 2.11.1941 Träger des Deutschen Kreuzes in Gold, stimmte diesem Vorschlag zu. Hier der weitere Verlauf aus dem Bericht von Leutnant Silzner.

„Am 13. Februar haben wir es dann im ersten Büchsenlicht so gemacht. Die brave alte „Elfte" (Kompanie) hat Nowo Cherenka und den Hauptort Cherenka genommen. Einige Russen, die sich uns entgegenstellten, wurden überwunden.

Danach sind wir auf die von Borki an der Pola nach Süden führenden Straße gelangt und nach Norden direkt auf Borki eingeschwenkt.

Als es am Nachmittag dämmerte, schloß, von Süden her kommend, ein Seitenwagen-Krad zu uns auf. Im Seitenwagen Oberstleutnant Alberts, der am 1.12.1941 als Kommandeur des II./IR 501 das Deutsche Kreuz in Gold erhalten hatte und das IR 501 führte.

Als ich ihm gemeldet hatte und erklärte, daß wir nun auf Borki vorgehen und diese Ortschaft aus dem Rücken nehmen würden, sagte er nur:

„Geht in Ordnung Silzner. Alsdann, die 11. Kompanie nimmt Borki."

„Wir haben es damals genau so gemacht wie besprochen. Ofw. Priem war mit seinem Zug als erster im Dorf. Er kämpfte sich durch. Erste Flammen schlugen aus den Holzhäusern empor, dann brannte Borki lichterloh. Wir stießen nach und kämpften die Steinhäuser, in denen sich die Russen verschanzt hatten, frei.

Im Nahkampf zwangen wir die Besatzung des Dorfes aus ihren Häusern hinaus in den Schnee."

(Oberfeldwebel Otto Priem, der diesen Zug der 11. Kompanie des IR 501 führte, erhielt am 14. April 1942 das Deutsche Kreuz in Gold, nachdem er noch einige weitere Husarenstücke geleistet hatte.)

„Damit war der Druchbruch offen und noch in dieser Nacht zogen die ersten Schlitten mit den Verwundeten nach Süden, aus der Umklammerung ab."

Die 11. Kompanie mußte weiterhin die Nachhut bilden und als sie endlich beim Regiment landeten und mit in den Kessel von Demjansk einbezogen wurden, waren die Soldaten um lt. Silzner erleichtert, diese Kesselhölle verlassen zu haben. Doch sehr bald stellte es sich heraus, daß sie nur den kleinen Kessel mit einem großen Kessel vertauscht hatten.

Sie waren, um den Obergefreiten Schörer zu zitieren, „aus dem Regen unter Umgehung der Traufe direkt in die Scheiße gelangt."

Im weiteren Verlauf der Kämpfe wurde Lt. Silzner verwundet. Er ahnte nicht, daß die Divisionsführung ihn zum Ritterkreuz eingereicht, und daß das Korps diese Auszeichnung befürwortet hatte. Umso größer war seine Überraschung, als er nach seiner Verwundung am 8. März 1942 im April wieder zu seiner Kompanie zurückkam und ihm von der Divisionsführung das Deutsche Kreuz in Gold überreicht wurde, das er am 14.4.1942 erhalten hatte. (Seit dem 21.10.1942 trug Oblt. Silzner, immer noch Chef der 11./IR 501 das Ritterkreuz).

Für Franz Silzner war der Durchbruch bei Cherenka über Borki in die Freiheit das prägende Ereignis des Zweiten Weltkrieges, denn dort konnte er den Weg für viele Kameraden, die teilweise schwer verwundet waren, in die Freiheit bereiten. Und dies mit seiner 11. Kompanie, nachdem es fast die gesamte Division vorher nicht geschafft hatte, das Bollwerk Borki zu knacken.

Am Panzerfriedhof und am Kanonenberg stand Silzners Kompanie im Sommer wieder im Brennpunkt der Kämpfe, doch darüber später mehr.

Zurück zu den Kämpfen im Kessel und den Vorbereitungen zu seiner Öffnung.

DIE WAFFEN-SS TOTENKOPF-DIVISION

Die Kämpfe nach Osten

Als Obergruppenführer Theodor Eicke im September 1941 zu seiner Division zurückkehrte, die er wegen einer bei Ssashino am 7. Juli 1941 erlittenen Verwundung hatte verlassen müssen, befand sie sich im Vorstoß auf den Lowatj, der ebenso wie die Pola kämpfend überwunden wurde und im Vorstürmen über Demjansk bis nach Luschno und ins Waldai-Gebirge. Hier widerstand sie den Gegenstößen und Gegenangriffen der Roten Armee. Es gelang ihr, alle feindlichen Angriffe zu stoppen, einige geringe Einbrüche auszubügeln und in ihren Stützpunkten den Durchbruch des Feindes in den Rücken des II. Armeekorps zu verhindern.

Für diesen Einsatz erhielt Eicke am 26. Dezember 1941 das Ritterkreuz. In diesen Kämpfen stellte er unter Beweis, daß er nicht nur ein guter Organisator war, sondern sich mit klarem Blick für das Notwenige persönlich voll einsetzte und in der vordersten Front seiner Division im Abwehrkampf stand und bei Ausfall eines MG-Schützen auch schon selber diese Position übernahm, bis Ersatz gekommen war. Damit hatte er Anteil am Halten der Abwehrfront südlich des Ilmensees.

Nach dem Führerbefehl, „Demjansk bis zum Letzten zu verteidigen", wurden beim II. AK Einsatzreserven aufgestellt (dies klang bereits aus dem Abschnitt der 32. ID an). Diese Bataillone wurden im Eilmarsch zwischen Staraja Russa und Demjansk in den Raum Salutschje geworfen, um den Schutz nach Westen zu übernehmen.

Das II. AK übergab den Befehl über diese Eingreif-Bataillone an SS-Obergruppenführer Eicke. Teile seiner Division waren bereits aus ihren Stellungen im Vorgelände des Waldai-Gebietes herausgelöst und zur Redja in Marsch gesetzt worden. Mit diesen Kräften und seiner Division erhielt „Papa Eicke", wie er von seinen Männern genannt wurde, den Auftrag, den Rücken der Festung Demjansk zu verteidigen.

Die Männer gruben sich in Schneelöcher ein, hielten kleine Weiler, um für die abgelösten Soldaten wärmende Unterkünfte stellen zu können.

In diesem Bereich standen drei deutsche Divisionen neun russischen Schützen-Divisionen, sechs Brigaden und vier Ski-Bataillonen gegenüber.

Dieser Verteidigungskampf mußte auf einer Frontbreite von etwa 300 Kilometern in primitiven Stellungen und ohne schwere Waffen, vor allem aber ohne Panzer, geführt werden.

Die Rote Armee griff mit weit überlegenen Truppenstärken an, die von Panzern unterstützt wurden. Sowjetische Flieger bombten Straßen und Ortschaften. Schlachtflieger stürzten den Widerstandsnestern entgegen und zerschossen sie.

Bei ständig kleineren Verpflegungsrationen, Tag und Nacht in Flanke und Rücken angegriffen, war es die Kampfgruppe Eicke, die alle Feindangriffe abwies. Munition und Verpflegung, vor allem der Nachersatz wurden weniger, aber die Stellungen mußten gehalten werden. Bis zu vier Wochen war die Gruppe vom Feind eingeschlossen, wurde aus der Luft versorgt. Sie hungerten und darbten und klammerten sich an den Verteidigungsstellungen fest.

Ihr Kommandeur gab ihnen Zuversicht und Vorbild.

Ebenso wie die Waffen-SS-Männer waren auch die Bataillone der 12., 30., 32. und 123 ID fest in diese verschworene Gemeinschaft eingebunden, die allein ein Überlegen sicherstellen konnte.

Hier griffen sowjetische Gardekorps ebenso an wie Skitruppen und Panzerrudel. Der Kampf um Kolbylko wurde zu einem unvorstellbaren Gemetzel. Sechzehnmal griff die Rote Armee hier an. Darunter waren fünf Großangriffe.

Im Dorfe Nishne-Ssossiowka brandeten russische Angriffe 21mal gegen die Stellungen der Verteidiger an. Keiner drang durch. Der Stützpunkt Wassiljewschtschina an der Rollbahn nach Demjansk wurde Tag und Nacht berannt. Hier leisteten die Männer der Waffen-SS scheinbar Unmögliches. Immer wieder waren sie abwehrbereit und stets gelang es ihnen, die mit starker Überzahl angreifenden Russen zu stoppen und zurückzuschlagen. Eingebrochene Feindgruppen wurden im Nahkampf geworfen.

Als es dann klar wurde, daß nunmehr die letzte Entkommenschance vorüber gegangen war und jeder Weg ins Freie durch sowjetische Truppen versperrt war, daß das gesamte II. AK in der Falle saß und von seinen rückwärtigen Verbindungen abgeschnitten war, erklärte Papa Eicke in einem Tagesbefehl, daß sein Verband dort stehe, wohin er gestellt worden sei, und daß er, koste es, was es wolle, den Rücken der Demjanskfront frei halten würde.

Als wenig später russische Übergabe-Aufforderungen bei der Division eingingen, ließ Obergruppenführer Eicke diese mit dem bekannten Götz-Zitat beantworten, das auf große Schilder in roter Schrift aufgemalt im Sichtbereich der feindlichen Beobachter aufgestellt wurde.

Sie kämpften weiter, in Eis und Schnee in der Selbstverständlichkeit der eisernen Pflichterfüllung, die jedem Menschen der Nachkriegszeit einfach unvorstellbar bleiben muß. Als dann Theodor Eicke erneut verwundet wurde und man ihn bat, sich durch einen Fieseler Storch ausfliegen zu lassen, schüttelte er nur den Kopf und wandte sich seinen Dienstgeschäften wieder zu.

Er war bei einer Erkundungsfahrt hinein ins Niemandsland auf eine russische Mine gefahren.

Nach einigen Tagen im Befehlsbunker, war er wieder – auf seinen Knotenstock gestützt – vorn bei seinen Soldaten.

Der Plan der Roten Armee, Demjansk zu zertrümmern, das II. AK auszumerzen und dann mit geballter Kraft auch Cholm zu vernichten, schlug fehl. In ihren Löchern und Stützpunkten hielten auch die Waffen-SS-Männer aus, wie alle anderen Soldaten auch.

Hier sei anschließend der gesamte Ablauf des Einsatzes der SS-

Totenkopf-Division dargelegt, um die Kontinuität dieses Einsatzes zu erhalten. An anderer Stelle wird noch in kurzer Form auf diesen Einsatz im großen Zusammenhang gesprochen werden.

Übersicht über die weiteren Kämpfe in und um Demjansk

In den ersten Wochen des Februar 1942 hatte die Rote Armee neue Anstrengungen in Gang gebracht, um den Sieg nunmehr an sich zu reißen. Mit starken Panzerverbänden und Schützendivisionen wollte sie die deutschen Stützpunkte niederringen, sie einfach überrollen und in den Schnee einwalzen. In diesen Tagen und Wochen zeigte sich mehr denn je das Wesen des Abwehrkampfes und des Einsatzes der Männer mit dem „Totenkopf", wie die Division Eicke genannt wurde.

Ihre Stellungen lagen bei diesem russischen Angriff aus dem Rücken plötzlich in der vordersten Hauptkampflinie. Die hier unter einigen SS-Führern eingesetzten Soldaten in Stärke von 1.450 Mann, wie die Zählung am 2. Februar zeigte, kämpften wie die Berserker. Die anrennenden Wellen der russischen Schützenverbände wurden immer wieder gestoppt, durchgerollte Panzer von den Nachschubeinheiten des Heeres im Nahkampf vernichtet.

Einer jener Kämpfer, der sich hier mit seinen Soldaten besonders auszeichnete, war SS-Sturmbannführer Karl Ullrich, der als Kommandeur des SS-Pionier-Bataillons 3 mit nur etwa 100 Mann den Straßenknotenpunkt Kobyllino am Lowatj verteidigte und diesen trotz aller Angriffe nicht preisgab, auch wenn sein Stützpunkt bereits lange nach beiden Seiten umgangen und damit völlig allein auf sich gestellt war.

Am 19. Februar 1942 erhielt Karl Ullrich für diesen Einsatz als Führer der nach ihm benannten Kampfgruppe das Ritterkreuz. (Am 14. Mai 1944 wurde er als Obersturmbannführer und Kommandeur des SS-Panzergrenadier-Regiments „Theodor Eicke" als 480. deutscher Soldat mit dem Eichenlaub zum RK ausgezeichnet. Er fiel am 9. Oktober 1944 als SS-Oberführer und Kommandeur der 5. SS-Panzerdivision „Wiking").

Neben ihm konnte sich Eicke auch auf Obersturmführer Meierdress voll verlassen. Doch zuvor ein Bericht über den Einsatz der Kampfgruppe Ullrich:

Als es bei Kolbykina brannte, erhielt die Kampfgruppe Ullrich, die unter dem Kommando der 18. ID im Januar 1942 bei Staraja Russa eingeschlossen kämpfte, den Befehl, sich in der Nacht zum 2. Februar nach Kolbynkina durchzukämpfen und diesen wichtigen Pfeiler der Stützpunktfront westlich Demjansk zu halten.

Während Teile der Kampfgruppe dort unterzogen und die Schneelöcher und Bunker besetzten, ging der zweite Teil über die Lowatj und setzte sich in Korowitschina fest.

Diese beiden Orte, an der Gabelung der Rollbahn und unmittelbar an der wichtigen Lowatj-Brücke gelegen, mußten gehalten werden.

Dies war leicht gesagt und beinahe unmöglich getan, denn gegen diese beiden Ortschaften rannten drei Garde-Regimenter, zwei Ski-Brigaden und eine Zerstörerbrigade an, denen 30 Panzer zur Verfügung standen.

Noch immer herrschten bis zu 45 Grad Kälte, heulten eisige Schneestürme über die Plaine, die das Blut erstarren ließen und eine Reihe Erfrierungen, vor allem der Posten mit sich brachten. In den Nächten griffen die Rotarmisten, in ihren Schneehemden fast unsichtbar, an. Russische Panzer brachen an mehreren Stellen in die Abwehrlinie ein. Sie wurden mit Sprengmitteln angegangen und gestoppt. Die ausbüchsenden Besatzungen fielen im Feuer der Schützen.

Die Schützenverbände kamen bis auf 30 oder gar 20 Meter an die deutschen Stellungen heran, ehe das Feuer aller MG einsetzte und eine breite Spur des Todes durch die ersten Reihen schickte. Die letzten wurden nur noch wenige Meter vom Graben und den Schneelöchern mit Handgranatenwürfen empfangen.

Auf diese Weise brachen alle Angriffe der Roten Armee vor diesem Fels in der Brandung zusammen.

Sobald der Angriff abgeschlagen war und die überlebenden

Angreifer zurückfluteten, setzte das Feuer schwerer Werfer der Russen wieder ein. Dazwischen die blaffenden Abschüsse der Panzerkanonen von vorn und im Rücken der Verteidiger.

In ihren Schneelöchern harrten die Männer aus, bis der nächste Angriff am Morgen im vollen Büchsenlicht erfolgte und der Feind ein neues Panzerrudel einsetzte, von denen drei T 34 bis in die Nachschubstellung eindrangen.

Hier war es Stabsfeldwebel Krauss, von einer Heeres-Nachschub-Abteilung, der mit einigen Waffen-SS-Männern diese drei Panzer anging. Die Sicherer dieser ad hoc gebildeten Panzerbkämpfungsgruppe schossen die noch aufgesessenen oder hinter den Panzern liegenden sowjetischen Schützen zusammen, der Vernichter enterte den ersten Panzer und schleuderte zwei Sprengbüchsen, die mit Draht zusammengehalten wurden über das Kanonenrohr des Panzers, ehe er absprang und sich mit zwei langen Sprüngen im nächsten Bombentrichter wiederfand.

Die Detonation machte die Panzerkanone unbrauchbar, der Panzer rollte seitlich weg und lief auf eine der Tellerminen, die Stabsfeldwebel Krauss in seine Laufrichtung gelegt hatte. Der donnernde Krach der Detonation ließ den Panzer mit zerfetzter Kette stehenbleiben.

Der zweite Panzer wurde von SS-Rottenführer Albertz angegangen. Er erhielt einen Schulterschuß und stürzte zu Boden. Kriechend erreichte er die Flanke des Panzers und warf eine geballte Ladung auf dessen Motorabdeckung.

Er hatte sich eben in eine Vertiefung gerollt, als die Detonation erfolgte. Sekunden später war dieser zweite Panzer in Flammen gehüllt, und dann ging noch seine Munition hoch. Niemand konnte aus diesem stählernen glühendheißen Eisensarg entkommen.

Als der dritte Panzer drehte, erhielt er das Feuer einer Pak, die in Schußstellung gebracht wurde. Er schien drei, vier Granaten völlig ungerührt zu schlucken, ehe er schwer beschädigt liegenblieb. Mittags um 12.00 Uhr, nachmittags um 15.00 Uhr und am Abend gegen 18.40 Uhr griffen die Rotarmisten erneut an. Fünf Angriffe und fünfmal die Flucht zurück, das war das Schicksal, das diese russischen Sturmtruppen erlitten.

Daß diese Kämpfe auch unter den Verteidigern schwere Verluste kosteten, war selbstverständlich. Am Abend dieses Großkampftages hatte die Kampfgruppe Ullrich 139 Mann verloren, und bis zum 23. Februar waren die 1.450 Mann auf 480 zusammengeschmolzen.

Sie hatten allesamt nur eine Feldküche zur Verfügung. Nirgendwo standen feste Bunker, die auch beheizt werden konnten. Für die Verwundeten gab es bald keine Sanitätsschlitten mehr, auf denen sie zu den Verbandsplätzen hätten gefahren werden können.

Die Artillerie des Feindes, seine Flugzeuge, neben den Bombern immer wieder Schlachtflugzeuge des Typs IL-2, „Schlächter" genannt, und nicht zuletzt die sich bis dicht vor die deutschen Linien heranschleichenden Scharfschützen, die nach stundenlangem Warten schließlich doch zum Schuß kamen und aus mehr als 150 und 200 Metern Distanz ihre tödlichen Schüsse abfeuerten.

Die Abstände von dem einen zum anderen hinter den zu Eis gewordenen Schneewällen vergrößerten sich von Tag zu Tag. Aber noch immer stand eine kleine Eingreifreserve zur Verfügung. Es waren die stärksten und frischesten Soldaten, die in etwas mehr als Zugstärke bereit standen, um feindliche Einbrüche in direkten Gegenstößen zu bereinigen. Sie kämpften mit Handgranaten und Pistolen, russischen Schnellfeuer-gewehren und Maschinenpistolen im Nahkampf j e d e n Einbruch nieder.

Karl Ullrich konnte sich auf jeden seiner Männer verlassen. Er und sein Divisions-Funktrupp konnten die Befehle erteilen und nach draußen zur Division bestand durch diesen Trupp ebenfalls dauernde Verbindung. So mußte Karl Ullrich an einem der schwersten Tage seiner Kampfgruppe der Division melden:

„Feind schießt auf j e d e s unserer MG. Wenn Korowitschinka fällt, dann ist auch Koblykina nicht mehr zu halten. Erbitte weitere Befehle."

Von der Division konnte nur ein Befehl gegeben werden, der Tag um Tag gleich lautete:

„Führerbefehl: Kobylkina muß gehalten werden!"

Als in dieser Situation am 20. Februar 1942 der Funkspruch der

Division einging, daß dem Kampfgruppenführer das Ritterkreuz verliehen worden sei, mit Glückwünschen der gesamten Division, meinte Ullrich zu seinem Funktruppführer:

„Ein frisches Bataillon wäre mir lieber."

Als ein kampfstarker Stoßtrupp von draußen her antrat, um zur Kampfgruppe durchzustoßen und diese zu verstärken, und vor allem die Verwundeten abzuholen, wozu der Stoßtrupp mit mehreren Schlitten ausgestattet wurde, scheiterte der erste Versuch, da sich gerade in diesem Abschnitt der Feind zu einem neuen Angriff bereitgestellt hatte.

Der zweite Durchbruchsversuch gelang. Alle Schlitten kamen durch und wurden sofort im Stützpunkt mit insgesamt 70 Schwerverwundeten beladen.

Der Stoßtrupp machte sich Minuten später wieder auf den Rückweg. Es war ein glücklicher Umstand, daß der Feind sich hier noch im Zustand der Verwirrung befand, und daß die Verteidiger an einer anderen Stelle ihres Abwehrriegels einen Feuerzauber veranstalteten, der auf einen deutschen Gegenstoß dort hinzudeuten schien.

Die wenigen Russen, die in den Stellungen geblieben waren wurden mit zusammengefaßtem Feuer aller MG und noch einmal im Nahkampf mit Handgranaten überwunden und der Weg für die 70 Schwerverwundeten freigeboxt, die ohne weitere Schäden zu erleiden in den Versorgungsstellen eintrafen und sofort ärztlich versorgt wurden.

Als dann der Funkspruch der Division einging- es war am Nachmittag des 22. Februar: „Ist das Absetzen aus eigener Kraft möglich?" - ließ Ullrich zurückfunken: „Wir schaffen es!" „Wenn wir bloß schon durch wären", meinte er anschließend, als der Durchbruchsplan besprochen wurde.

Gegen 22.00 Uhr des 22.2.1942 kämpften sich dann die letzten Männer der Gruppe Ullrich zur Division durch, die ihnen im Gegenzuge an der neuralgischen Stelle entgegenstieß und die Russen auseinanderjagte.

Vor Koblykina ließ die Kampfgruppe mehr als 180 ihrer Kameraden in den Eisgräbern zurück. Der Feind hatte hier 1.700 Soldaten und 10 Panzer verloren.

Kampfgruppe Meierdress bei Bjakowo

Als Obersturmführer Erwin Meierdress Befehl erhielt, die Ortschaft Bjakowo nördlich der Rollbahn nach Demjansk zu besetzen, dort einen Stützpunkt zu bilden und dem Feind den Weg nach Demjansk zu versperren, verfügte er über 120 Soldaten seiner Sturmgeschütz-Kompanie. Unter diesen 120 Soldaten waren 50 Verwundete, die bei der Kompanie geblieben waren.

Hier versuchten die Russen ebenfalls den Knotenpunkt in Besitz zu nehmen, um von dort aus seine Operationen gegen Demjansk fortsetzen zu können.

Es gelang Meierdress neben seine Soldaten noch einige Züge eines Baubataillons, Männer eines SS-Polizei-Bataillons und einige vorgeschobene Beobachter der Heeresartillerie zusammenzufassen und zur Verteidigung einzusetzen. Aus den Funksprüchen dieser Kampfgruppe gehen die Ereignisse hervor, die Tag für Tag über sie hereinbrachen.

„Angriff von Westen, Norden und Nordosten mit schweren Granatwerfern unter schweren Verlusten für den Feind abgewiesen."

Als Bjakowo wenige Stunden darauf erneut von Osten berannt wurde verloren die Angreifer abermals 150 Mann, die vor den Stellungen von Meierdress liegengeblieben waren, wo bereits beim ersten Abwehrschlag 200 Rotarmisten gefallen waren.

Mehr und mehr eigene Verwundete brachten die Zahl der voll einsatzbereiten Männer schließlich auf 30. Am 21.2.1942 wurde Erwin Meierdress schwer verwundet und mit einem Fieseler Storch, der Munition und Verpflegung gebracht hatte, ausgeflogen. Zwei seiner Nachfolger fielen im Kampf um diese Ortschaft und es war Sturmbannführer Kleffner vorbehalten, das Kommando zu übernehmen.

Sturmbannführer Franz Kleffner aus Altena, der mit seinem Kradschützen-Bataillon die Kampfgruppe in Wassiljeschtschina übernommen hatte, die diesen Eckpfeiler der Kesselfront von Demjansk deckte, hatte ebenso wie Ullrich und Meierdress mit seinem Verband jeden Feinddurchbruch vereitelt. Auch hier spielten sich dramatische Kämpfe ab, die Franz Kleffner am 19. Februar 1942 das Ritterkreuz einbrachten. Er wurde damit beauftragt, mit einem kampfstarken Stoßtrupp nach Bjakowo durchzustoßen und die Überlebenden mit allen Verwundeten in seinen Bereich nach Wassiljewschtschina zurückzubringen.

Das Wagnis gelang, und mit nur einem Toten und vier Verwundeten wurden alle Männer des Stützpunktes Bjakowo zurückgeschafft.

Wenig später fanden die Männer von diesen beiden Stützpunkten Anschluß an die 290. ID.

Einer jener Unbekannten, die durch eine Glanzleistung von besonderer Art überraschend in den Brennpunkt des Interesses geriet, war SS-Oberscharführer Köchle aus Vorarlberg. Als Zugführer in der 5./SS-Totenkopf-IR 1 gelang es ihm, im Januar 1942 bei einem Stoßtruppunternehmen das er führte, in eine Feindstellung einzubrechen, welche die eigenen Stellungen bedrohte. Mit seinem Zug erstürmte er nach Handgranatwürfen den ersten Bunker dieser Feindstellung und kämpfte sich von diesem zum nächsten und noch weiteren vier Bunkern durch, die allesamt überwältigend und die flankierend eingesetzten MG-Stellungen der Russen ausschaltend.

Der sofort einsetzende russische Gegenangriff stieß auf diesen deutschen Verband. Oberscharführer Köchle hielt die Bunker und Stellungen und konnte einige nachgeschickte Gruppen in die russischen Stellungen ziehen und mit ihnen die Feind-MG bedienen.

Damit hatte Köchle eine bedeutsame und wichtige Stellung für seinen Verband hinzu gewonnen. Am 28. Februar 1942 wurde er dafür mit dem Ritterkreuz ausgezeichnet.

Als dann der Schnee in der Frühjahrs-Schlammperiode schmolz und das Eis der Flüsse knackend sprang, trat die Division Totenkopf zu ihrem von innen geführten Stoß in Richtung der von außen angetretenen Entsatzgruppe unter General von Seydlitz an. Gemeinsam mit den Verbänden des Heeres unter der Gruppe Zorn, stießen sie gegen einen sich verzweifelt anstemmenden Feind vor, um der Angriffsoperation „Brückenschlag" durch die Angriffsgruppe von Seydlitz mit dem Unternehmen

„Fallreep" des Korpskommandos Zorn aus dem Kessel hinaus und der Gruppe von Seydlitz entgegen zu kämpfen und die Einkesselung aufzubrechen.Dieses Unternehmen aus dem Innern des Kessels begann am 14. April, als die Angriffsgruppe von Seydlitz nahe genug herangekommen war.

Fast die gesamte Division Totenkopf beteiligte sich an diesem Gegenschlag, bei dem sie, oftmals bis zu den Knien im Schlamm und bis zur Brust im Wasser stehend, binnen einer Woche die Verbindung zu der Westgruppe aufnehmen konnte und damit im Verband der Korpsgruppe Zorn den Weg in die Freiheit gebahnt hatte. Auf einer Fähre über den Lowatj reichten die Männer im Kessel jenen außerhalb des Kessels nach langen Wochen der Isolierung die Hände.

Für Obergruppenführer Eicke war dies die Auszeichnung mit dem Eichenlaub, das ihm am 20. April 1942, als 88. Soldaten der Wehrmacht, übereicht wurde. (Zu diesen Kämpfen siehe: DAS UNTERNEHMEN FALLREEP).

ABWEHRKAMPF BEI DER
32. INFANTERIE-DIVISION

Die ersten Kämpfe im Kessel

Seit dem 8. Februar 1942 begann die Schlacht im Kessel von Demjansk, der von den Verteidigern dieses Abschnittes mit letztem Einsatz geführt wurde. Hier noch einmal die Divisionen und ihre Aufträge: (siehe Kartenskizze)

Die 12. ID hatte im Raume Mailikowy-Gorki gekämpft und war vor allem mit ihrer II./FüsRgt. 27 dort im Einsatz, wobei sich Oblt. Horst Nelius besonders auszeichnete, der mitten im Dorf mit seiner 7./FüsRgt. 27 kämpfte und das Dorf hielt. (Horst Nelius erhielt als Hptm. Und Chef der 12. (MG)/FüsRgt. 27 am 1.3.1944 das Deutsche Kreuz in Gold).

Die 32. ID hatte in den vergangenen Tagen immer wieder Teile der Panzerjäger und der Artillerie nach Saluschtje abgegeben.

Die SS-Division „Totenkopf" kämpfte nach wie vor im Raume Kobylkino und bei Bjakowo.

Die 123. ID stand im Südabschnitt an der Grenze des Kessels und erwehrte sich der russischen Angriffe.

Die 30. ID kämpfte im Raume Lytschkowo und Pustynka gegen sowjetische Ski-Verbände, die aus den nördlichen Sümpfen kamen und wurde wenig später von zwei russischen Fallschirmbrigaden angegriffen.

Die 290. ID wiederum stand bei Zemana gegen die 1. russische Stoßarmee im Einsatz.Bei der 32. ID war deren Kommandeur Generalleutnant Bohnstedt am 20. Januar in ein Heimatlazarett überflogen worden. Er kehrte nur kurzzeitig nach der Genesung wieder zur Division zurück, um schließlich als Inspekteur der Infanterie ins OKH befohlen zu werden. Er verabschiedete sich von seiner alten Division,die er seit dem 1. Oktober 1940 erfolgreich geführt hatte mit einem Tagesbefehl. Für ihn übernahm Oberst Max Ilgen, Kdr. des IR 96 der Division, die Führung. Am 14.2.1942 erhielt er für seine schneidigen Abwehr-Gegenstöße das Deutsche Kreuz in Gold.

Auch von der 32. ID kämpften Teile an allen vier Fronten des Kessels.

An der Ost- und Südfront herrschte vom 9. bis zum 13. Februar nur geringe Gefechtstätigkeit. Die Kälte ließ etwas nach, doch der Himmel war ständig bedeckt und starke Schneetreiben erschwerten besonders den Einsatz der Späh- und Stoßtrupps enorm.

In dem zur Verstärkung des nach Saluschtje an der Westfront des Kessels geschickten Bataillone waren Kompanien und Züge fast aller Kessel-Divisionen zusammengefaßt.

Am 14.2. griff der Feind an der Ostfront der 32. ID mit starken Kräften an. Seine Artillerie unterstützte jeden der acht nacheinander gegen die deutsche Abwehrlinie geführten Angriffe. Einige Panzer versuchten, den russischen Schützen den Weg zu bahnen. Doch bis zum Abend waren diese Angriffe sämtlich abgewiesen worden.

Der nächste Tag sah neun Angriffe der Sowjets mit etwa 800 Mann und acht Panzern, der wiederum von starkem Artilleriefeuer unterstützt wurde. Ein Panzer wurde abgeschossen, zwei weitere drehten schwer angeschlagen und schwarz qualmend ab.

Auch am 16.2. hielten diese Angriffe an. An diesem Tage griffen Feindgruppen in Stärken zwischen 100 und 200 Mann an, nachdem die Feindartillerie unter starkem Munitionseinsatz die deutschen Stellungen zu zertrümmern getrachtet hatte. Der erste Angriff wurde von drei, der dritte von sieben Panzern unterstützt. Aber Gorodilowo hielt allen Angriffen stand.

Erst als der Feind am 17.2. noch einmal mit Unterstützung durch zwei Panzer und Artillerie auf Gorodilowo angegriffen hatte und nach der Vernichtung des einen Panzers blutig abgewiesen worden war, stoppte die Rote Armee die Versuche, an dieser Stelle durchzubrechen.. In diesen vier Tagen verlor der Feind allein bei Gorodilowo vor der II./IR 418 400 Mann an Gefallenen und eine Vielzahl an Verwundeten sowie sechs Panzer.

In den letzten Tagen des Februar 1942 mußte die Division erneut starke Teile abgeben. Vor allem vor der Front der 123. ID im Südwesten und jener der 290. ID im Nordwesten des Kessels verschärfte sich die Lage durch starke Feindangriffe. Das II. AK befahl dem Divisionsführer für das II./Luftwaffen-Feldregiment 3, das nur mit 2 Offizieren, 22 Unteroffizieren und 160 Mann eingetroffen war, obgleich dessen Stärke über 500 Mann war, hierfür ein kampftüchtiges Bataillon als Unterstützung an der Front bei Molwotizy einzusetzen.

Am 23.2. flogen feindliche Flugzeuge – insgesamt waren es bei 14 Einflügen 23 Maschinen – im Tiefflug über den Südabschnitt der Division hinweg und warfen Flugblätter ab.

Nach und nach trafen weitere Einheiten des I. und III./ Luftwaffen-Feldregiment 3 bei der Division ein und wurden ihr unterstellt. Die Divisionsführung setzte sie – die noch keinerlei Gefechtserfahrung hatten – zwischen den bewährten Kompanien der Division – ein, um ihnen den notwendigen Rückhalt zu geben.

Am 12. März erfolgte die Abgabe des Regimentsstabes des IR 418 unter Oberst Felix Becker und von schweren Waffen des IR 418 zum Korpskommando Zorn nach Losnizy. Der so freiwerdende Abschnitt wurde dem LwFeldRgt. 3 unter Oberst Aue übergeben.

Das Korpskommando Zorn hatte inzwischen den Befehl an der Westfront des Kessels übernommen, um zu gegebener Zeit nach Westen anzutreten, um der von Westen außerhalb des Kessels angreifenden Gruppe von Seydlitz entgegenzustürmen und damit den Kessel von Demjansk zu öffnen.

Oberst Felix Becker erhielt am 25.1.1943 das Ritterkreuz.

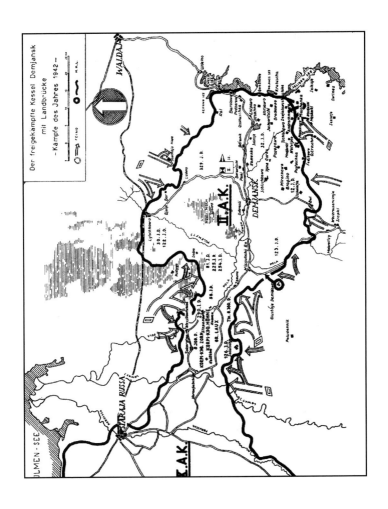

Der freigekämpfte Kessel von Demjansk mit Schlauch und Landbrücke
im Sommer 1942

Die sowjetischen Fallschirmbrigaden und ihr Einsatz aus dem Sumpf von Newij-Moch

An der östlichen Kesselfront war die Rote Armee aus dem undurchdringlichen Sumpfgebiet von Newij-Moch heraus angetreten. Ski-Spähtrupps hatten eine 7 bis 8 Kilometer breite Lücke im Sumpf-Waldgelände entdeckt, und darin waren die Feindtruppen eingesichert und hatten sich in Stärke von zwei bis drei Brigaden dort gesammelt. Auf einem Gebiet von 20 Kilometer Ost-West-Erstreckung stellten sie sich zu Überraschungsschlägen bereit.

Auftrag dieses Kampfverbandes war es, den Kessel von innen heraus in zwei Teile aufzuspalten und beide Teile in zwei gezielten Einzelschlägen zu vernichten.

Nach den ersten Stoßtrupp-Begegnungen in diesem unwegsamen Gelände wurden mehrere Spähtrupps vorgeschickt, um die Ausdehnung der Feindmassierungen zu erkunden.

Einen ersten starken Schlag führten Teile der SS-Division Totenkopf gemeinsam mit der Nachrichten-Abteilung 32 gegen einen Teilverband dieser Skitruppen. Es kam zu einer Reihe von Nahkämpfen in diesem Gebiet, in dem die Rotarmisten zu Hause waren. Aus verdeckten Schützenlöchern eröffneten sie das Feuer, sobald die deutschen Kampfgruppen diese überlaufen hatten. Baumschützen forderten Opfer an Toten und Verwundeten. Um die deutsche Kampfkraft zu stärken, mußte die 32. ID ein weiteres Bataillon an diesem Abschnitt abgeben.

Bei strenger Kälte und eisigem Wind kämpften die Männer gegen den bestmöglich ausgestatteten Feind. Das Bataillon Pantel wurde von Oberst Ilgen, dem die Sicherung der Rollbahn Demjansk-Wissjutschij-Bor vom Korps übertragen worden war, dorthin befohlen. Das Bataillon Schafferus wurde in den Raum Demjansk verlegt.

Da das Korps einen sowjektischen Angriff in Richtung Demjansk auf die Rollbahn Demjansk-Losnizy erwartete, befahl General der Infanterie von Brockdorff-Ahlefeldt die Verlegung seines Korpsgefechtsstandes von Dobroski nach Borowitschi,

9 Kilometer ostwärts von Demjansk. Dort befand sich übrigens derzeit auch der Gefechtsstand der 32. ID.

Während dieser Zeit hielten die Angriffe der Roten Armee im Westteil gegen die Gruppe Zorn ständig an. Die Russen versuchten den hier weit nach Westen vorspringenden Frontteil, den sie richtigerweise als Vorbereitung zu einem Befreiungsschlag aus der Festung heraus interpretierten, einzudrücken und so den deutschen Plan zu vereiteln.

Aus gleichen Gründen kam es dem II. AK darauf an, diesen Frontvorsprung unter allen Umständen zu halten und die Distanz zwischen der südlich von Staraja Russa verlaufenden Hauptfront und der westlichen Kesselfront so gering wie möglich zu halten. Die Gruppe von Seydlitz war – wie bereits anklang – zum Freikämpfen des II. AK vorgesehen. Ihr Antreten wurde im Kessel täglich erwartet, da die 16. Armee eine Verschiebung dieses Angriffs über den 18.3.1942 hinaus nicht vertreten konnte. (Dennoch trat die Gruppe von Sydlitz erst am 20.3.1942 an).

Am Abend des 17. März 1942 griff der Feind im Abschnitt Wegener an. Oberst Wilhelm Wegener, der bis zum 1.7.1940 Adjutant des II. AK gewesen war, führte als Oberst im Kessel von Demjansk zunächst das IR 94 bis zum 14.5.1942, bevor er das Kommando über die 32. ID übernahm. Als Kommandeur des IR 94 hatte er am 27.10.1941 das Ritterkreuz erhalten und wurde am 19.1.1942 nach erfolgreichen Abwehrkämpfen mit dem 66. Eichenlaub ausgezeichnet. Am 17.9.1944 erhielt er als General der Infanterie und Kommandierender General des L.AK die 97. Schwerter zum RK mit EL. Gefallen am 23.9.1944 bei Wolmar an der Düna. Er hatte stets im Brennpunkt der Kämpfe gestanden.

Auch im Westabschnitt des Kessels von Demjansk stand er mit seinem Verband im Abwehrkampf, als am 17.3.1942 der Feind mit starken Infanterie- und Panzerkräften ostwärts von Fedjkowo und beiderseits Watolino angriff. Alle Angriffe wurden abgewiesen. Der Oberst führte vorn bei den Soldaten in den bedrängten Abschnitten.

Auch die beiden folgenden Tage standen ganz in der Abwehr dieser russischen Vorstöße, und am 20. März brach der letzte

Angriff der Roten Armee vor dieser Verteidigungsfront zusammen.

An diesem Tage erhielt die 32. ID vom Korps die Nachricht, daß um 11.00 Uhr dieses Tages der Angriff der Gruppe Seydlitz südlich Staraja Russa in Richtung Demjansk begonnen habe.

Damit waren alle Feindversuche gescheitert, die Westfront zum Einsturz zu bringen. Ebenso ergebnislos war der Versuch der Roten Armee zu Ende gegangen, noch vor Beginn der Tauperiode den Durchbruch von der Südfront nach Norden und die daran anschließende Vernichtung der Nordfront zu erzwingen.

Damit war auch die handstreichartige Inbesitznahme von Demjansk, und auch den dortigen Flugplatz in der Mitte des Kessels in die Hände zu bekommen, gescheitert.

Die Kämpfe gegen die inzwischen auf drei Fallschirmbrigaden angewachsenen Kräfte, die aus dem Newij-Moch-Sumpf angetreten waren, hatten deren Versuch, sich Demjansk-Stadt zu versichern und die nach Norden und Süden von dort aus führenden Straßen zu sperren, ein Ende bereitet.

In dieser Zeit baute die 12. ID zum unmittelbaren Schutz den „Demjansk-Riegel" auf.

Als die sowjetischen Fallschirmjäger, die nicht zur Luft sondern zu Fuß durch den Sumpf und den ihn umgebenden Urwald vorgestoßen waren, mit einem Handstreich gegen das vermeintliche II. AOK-Hauptquartier antraten, verloren sie im Kampf gegen Teile der 12. ID 50 Gefallene und etwa 30 Gefangene, von denen die Mehrzahl verwundet war.

Die Gefangenenaussagen ergaben, daß hier nicht nur der Stab des II. AK ausgehoben werden sollte, sondern gleichzeitig auch das AOK 16, das ebenfalls hier vermutet wurde, was die Richtigkeit der rechtzeitigen Verlegung der Stäbe erwies. Die feindliche Aufklärung hatte eine Reihe Tarn-Funksprüche aus Dobrosli als Zeichen dafür angesehen, daß die Stäbe noch dort saßen.

Bevor nun die beiden Unternehmen „Brückenschlag" und „Fallreep" dargelegt werden, sei an dieser Stelle der Einsatz der 290. ID weiter verfolgt.

DIE SOMMERKÄMPFE
IM GROSSRAUM DEMJANSK

Die 290. Infanterie-Division bei Zemena und bei Tuganowo

Die 290. ID stand nach den Durchbruchskämpfen von einem Kessel in den anderen zunächst im Raume Zemena im Abwehrkampf. Ortskommandant war Hptm. Christel vom 1./BauBatl. 132, während Hptm. Bauer vom Divisionsstab der 290. ID für die Verteidigung zuständig war. Diese kleine Ortschaft an der Rollbahn Demjansk-Wassiljewtschina beherbergte vor allem die Nachschubdienste, allen voran aber die Bäckerei-Kompanie, die in der Schule des Ortes untergezogen war und für die gesamte Division das tägliche Brot zu backen hatte.

Eine Reihe Verteidigungsstellungen waren igelmäßig um das Dorf herum angelegt worden. Sie wurden des Nachts mit Doppelposten besetzt. Während sich nach Nordwesten freies und einsichtbares Gelände erstreckte und bei einem Kusselgelände 200 Meter voraus endete, führte ein Weg über diese freie Fläche an einem Bachlauf entlang, von Nordwesten kommend auf die Mitte von Zemena zu.

Ein Spähtrupp unter Fw Bremer stellte in der Nacht zum 3. März Feindkräfte fest, die sich von Westen nach Osten auf Skiern und mit MG auf Panjeschlitten bewegten. Die Division konstatierte, daß diese Truppen es auf die Rollbahn abgesehen hatten.

Wenige Stunden später, am Morgen des 3. März, gab der Doppelposten, die Gefreiten Schmidt und Pepper, Alarm. Hptm. Bauer und Fw. Bremer eilten zu diesem Posten und stellten dort fest, daß aus größerer Entfernung Geräusche einer sich bewegenden Kolonne ertönten. Wenig später wurden die ersten Russen gesichtet. Sie waren nur noch 200 Meter von dem betreffenden Stützpunkt entfernt. Dann war die gesamte Kolonne sichtbar, von der sich ein kleinerer Teil auf die Dorfmitte zu bewegte, während das Gros den Nordausgang von Zemena ansteuerte.

Als die Feindspitzen bis auf 60 Meter heran waren, gab Hptm. Bauer den Befehl zur Feuereröffnung. Die beiden MG schossen im Salventakt und ließen den Feind zu Boden gehen, der nunmehr seine eigenen MG in Stellung brachte und den Stützpunkt mit dichten Feuerstößen eindeckte.

Hauptmann Bauer leitete von hier aus die Abwehr des Angriffs, der nun einsetzte. Jedes MG- und Granatwerfernest des Feindes wurde durch eigenes Feuer ausgeschaltet und bis 11.00 Uhr war der Angriff abgeschlagen.

Nach Gefangenen-Aussagen waren etwa 800 Rotarmisten an diesem Angriff beteiligt. Diese hatten Auftrag, neben Zemena auch noch die Dörfer Wasjutschi-Bor und Chacheli an der Rollbahn auf einer Breite von acht Kilometern zu besetzen und die Rollbahn zu sperren. Nach ihrem Initialangriff sollten ihr schnellstens weitere 1000 Mann an Skitruppen folgen. Diese trafen denn auch am 4. März in dem Waldgelände westlich Zemena ein.

Die gemachte Beute, vier Panzerbüchsen, drei Granatwerfer, drei leichte MG, 27 schwere MG, 135 Gewehre, 55 automatische Gewehre, zwei Pferde und Munition für alle diese Waffen verstärkten die Feuerkraft der Männer von Zemenka.

Daß dieser Abwehrerfolg der Männer des Nachschubs und des Divisionsstabes nie seine gebührende Anerkennung fand, lag in den hektischen Geschehnissen dieser Tage, da sich alles im Kessel und außerhalb desselben um die Vorbereitungen zum großen Befreiungsschlag drehte.

Es waren Teile der 154. Sowjetischen Marine-Brigade, die hier als Skitruppen eingesetzt waren.

Während des beginnenden Sommers und im Sommer selber kam es in den Stellungen immer wieder zu schweren Gefechten. Diese Abwehrkämpfe in den heißen Juli- und Augusttagen des Jahres 1942 sahen immer wieder blutige Auseinandersetzungen mit dem Feind, der von überall her angriff. Dennoch war dieser Kampf in den Augen der einzelnen Stützpunktbesatzungen der 290. ID „nur" ein Stehenbleiben und Abweisen der russischen Angriffe. Nicht mehr die erbitterten Winterkämpfe, wo es um die Selbsterhaltung ging und es galt, immer wieder drohenden oder bereits vollzogenen Einkesselungen zu entkommen, oder getötet zu werden. Es war die Abwehr gegen einen nicht mehr so kampfkräftigen Feind, der in den vergangenen Monaten hohe blutige Verluste erlitten hatte. Für die Soldaten also eine Selbstverständlichkeit.

Dennoch darf und sollte nicht vergessen werden, daß auch diese Kämpfe mit letztem Einsatz geführt werden mußten, sobald die Russen an den neuralgischen Stellungen mit starken Kräften angriffen.Dies war insbesondere auch beim III./IR 501 mehrfach der Fall, und so wurde beispielsweise die Stellung am „Panzerfriedhof", westlich des ebenfalls oftmals angegriffenen „Kanonenberges" bei Tuganowo, jedesmal ein Ringen um Meter und Kämpfen um das eigene Überleben.

Geben wir noch einmal Oblt. Franz Silzner das Wort zu einem dieser Angriffe:

„Unsere Gräben wurden von den Russen immer wieder zusammengeschossen, wir konnten nur tief gebückt nach vorn oder in ihnen entlang weiterkriechen. Oftmals waren die Stellungen beider Seiten nur 30 bis 40 Meter voneinander entfernt. Das war für beide Seiten d i e Handgranaten-Wurfweite, und der Iwan war an jedem Tag zwei- bis dreimal in unserem Graben, während wir im Gegenzug das gleiche taten.

Wir gingen dann, (mit wir ist der Kompanietrupp gemeint), als letzte Reserve – die einzelnen Infanteriegruppen waren nur noch drei bis vier Mann stark aber bestens eingeworfen und zielsicher – tief gebückt und kriechend in den feindlichen Graben hinein, warfen Handgranaten hinter den nächsten russischen Grabenknick und krochen weiter; dies immer direkt in die Detonationen der Handgranaten hinein, während der Feind noch von den Schlägen geblendet und verwirrt und teilweise verwundet war.

Sobald Russen auftauchten, hämmerten die MPi los, knallen die Nullacht, um den Gegner zu überwinden. So ging es dann von Grabenknick zu Grabenknick weiter. Dies einmal, zweimal, dreimal am Tage.

Über die Grabenböschungen unserer Linie, über deren Ränder unsere MG haarscharf hinwegschossen, kam keiner heraus.

Selbst in den Gräben, auch wenn sie bereits halb zerschossen waren, zeigte sich immer noch die verheerende Wirkung unserer Handgranaten.

Der Leichengestank war derart penetrant, daß wir keinen Bissen mehr essen konnten und herausgezogen werden mußten.

Das Regiment war der Überzeugung, daß wir in dieser Abwehrschlacht Entscheidendes geleistet hätten.

Wir lagen immer als linker Divisionsflügel an der Pola. Wenn der Russe bei uns durchgebrochen wäre, hätte er auf dem kürzesten Wege den Schlauch zum Demjansker Kessel wieder abwürgen können und damit den Kessel wieder dicht gemacht.

Es mag also sein, daß meine gute, treue II./IR 501 zu einem Teil am Abwehrerfolg beteiligt war."

Es war Generalmajor Conrad-Oskar Heinrichs, der am 6.5.1942 die 290. ID, nach einer langen Zwischenzeit der Divisionsführer, als deren Kommandeur übernommen hatte, der dem Oblt. Franz Silzner am 21. Oktober 1942 sein eigenes Ritterkreuz umhängte. (Als Oberst und Kommandeur des IR 24 hatte Heinrichs diese Auszeichnung bereits am 13.9.1941 erhalten. Am 18.1.1944 wurde er mit dem Deutschen Kreuz in Gold ausgezeichnet. Er fiel als Generalleutnant und Kommandeur der 89. ID am 8.9.1944 bei Lüttich).

Am berüchtigten Kanonenberg lag zu dieser Zeit ein schwerer Infanterie-Geschützzug und hatte seine Bunker dort errichtet. Die Munitionsfahrzeuge hatten in mehreren Wochen einen großen Berg Munition herangeschafft, die auf Ständern gelagert werden mußten, weil das Kusselgelände nach wie vor feucht war und sich sogar eine Reihe Wasserlöcher gebildet hatten.

Ab und zu erhielt diese kleine Einheit den Feuerbefehl, wenn eine russische Bereitstellung erkannt worden war.

Die gegenüber liegenden Russen erwiderten dieses Feuer zuerst nicht, doch eines Tages schossen sie aus allen Rohren und wenig später waren Panzergeräusche zu vernehmen. Das Rasseln der Ketten wurde immer lauter,und es kam nicht von nur einer Stelle sondern von beiden Seiten jenes Weges, der sich vorn im Kussel- und Sumpfgelände verlief.

Dann tauchten die ersten T 34 auf und rollten direkt auf die

Bunker zu. Einer der Panzer schlug einen Haken, um nach einem Halbkreis über eine freie Fläche zum Waldrand zu rollen.

In diesem Moment hatte eines der Geschütze ihn ausgemacht. Der erste Schuß traf den Koloß und mit einem fürchterlichen Krachen flogen Stahlteile umher. Die übrigen Panzer drehten und verschwanden in den Kusseln.

In den nächsten Tagen setzte die Rote Armee hier ihr ganzes Arsenal ein. Von den Schützen über die Panzer bis zu den Schlachtfliegern, die mit ihren Bordkanonen gegen die Bunker anflogen und schossen.

Wenig später eröffnete auch die schwere rusische Batterie direkt gegenüber das Feuer. Es waren Geschosse von 17, 2 Zentimetern.

Andere Geschütze, schwere Granatwerfer und eine Stalinorgel-Batterie fielen in das Feuer ein. Die Bunker wurden teilweise durch Nahtreffer erschüttert. Ein Munitionsstapel flog mit Donnergetöse in die Luft, aber den Geschützen war erneut nichts passiert. Sie konnten das Feuer auf die angreifenden Russen eröffnen, die sich wieder absetzten. Der vorderste Bunker, der einen Treffer erhalten hatte, war an der Flanke aufgerissen. Die Verwundeten wurden zum Hauptverbandsplatz geschafft.

Noch in der kommenden Nacht kamen wieder zwei „Rollbahnkrähen", auch „Nähmaschinen" genannt, um ihre Bomben zu werfen. Der Arztbunker wurde durch einen Volltreffer vernichtet. Zum Glück war er geräumt worden.

Als eine der „Nähmaschinen" sogar am anderen Morgen bei hellem Tageslicht angriff, um der vermeintlich niedergekämpften Stellung den Rest zu geben, wurde sie im Tiefflug erwischt und stürzte mehrfach getroffen ab. Es war dem Piloten gelungen, die brennende Kiste lebend zu verlassen und sich dahinter in Stellung zu werfen. Er mußte erst überwunden werden, bevor die „Nähmaschine" in Augenschein genommen werden konnte. Nur ihr Motor war aus Metall, ferner einige Stahldrähte, die nach hinten führten. Sie konnte in jeder Mechanikerwerkstatt zusammengebaut werden.

Die schwerste Arbeit aber hatten nach den Aussagen der Besatzungen der Bunker die Verpflegungswagen. Immer wieder kam es vor, daß ihre Kanister zerschossen wurden und die Suppe auslief. Die Verluste an Fahrern und Begleitern wurden immer schwerer. An den Nachmittagen kamen die Flugzeuge oftmals nicht durch, sie wurden von russischen Geschützen an einer Kreuzung, 300 Meter vor den eigenen Stellungen abgeschossen, ohne daß diese Kreuzung vom Feind eingesehen werden konnte. Die Essenträger traten in Aktion und mußten sich jeweils zu zweit nach Tuganowo durchschlagen, wobei die letzten 100 Meter vom Feind eingesehen wurden. Erst mit Einfall der Dunkelheit konnten sie mit den vollen Essenbehältern zurück zur Kampfeinheit.

Als ein russischer Stoßtrupp überraschend gegen Mitternacht angriff, schoß der Geschützzug Sperrfeuer. Dennoch gelang es einigen Russen, sich den Bunkern zu nähern. Auf einem derselben standen plötzlich drei oder vier Russen, um ihn mit Sprengmitteln zu erledigen. Zwei MG-Salven warfen sie herunter.

Als der Sommer in den kurzen Herbst überging, und es wieder sehr kalt zu werden schien, griff die Rote Armee hier wieder mit schwachen Kräften an. Das vorbereitende Artilleriefeuer fetzte einen Bunker auseinander. Dann erscholl ein fürchterlicher, berstender Knall. Ein Rohrkrepierer hatte eines der eigenen Geschütze auseinandergerissen. Der Geschützblock wurde weggeschleudert, und noch immer hämmerte die Feindartillerie in die Stellungen hinein.

Die Verwundeten wimmerten und riefen nach dem Sanitäter. Aus den Bunkern kamen die Landser, um ihre verwundeten Kameraden zu versorgen. Die beiden Sanitäter schafften die ersten auf ihren Rücken aus der Feuerlinie.

Wenige Minuten später erscholl das gleiche berstende Geräusch. Ein zweiter Rohrkrepierer. Außer Verwundeten waren hier keine Toten zu beklagen. Es wurden auf die Schnelle lange Leinen besorgt, denn vom Geschütz aus konnte und durfte nicht mehr abgefeuert werden, weil nicht auszuschließen war, daß weitere Rohrkrepierer erfolgen würden. Aus Deckungslöchern heraus wurden die Geschütze mittels dieser Leinen abgefeuert.

Das war das Schicksal jenes Infanterie-Geschützzuges, das als

Beispiel für den „gewöhnlichen Dienst im Kessel von Demjansk" dienen mag.

Wenn hier in wenigen Worten auch die Nachschubdienste in Erscheinung traten, so sei anschließend über ihren Einsatz in knappen Zügen berichtet, um dem Leser darzulegen, daß im Kessel von Demjansk überall Front war. Sie dienten wie alle anderen mit letztem Einsatz, standen im Kampf gegen die Tücken der Landschaft mit ihren Sümpfen im Sommer und der beißenden Kälte im Winter. Sie waren gefährdet durch Flieger und Minenfelder und verbuddelten Sprengladungen. In den Wäldern lauerten versprengte russische Soldaten auf sie, und die Partisanengruppen wagten sich in den Nächten bis in die Lager vor, während friedliche Bauern sich unvermittelt als Saboteure herausstellten.

Dies lag für die deutschen Soldaten außerhalb der Erfahrungen aus früheren Feldzügen. Hier in Rußland mußten sie umdenken lernen, wenn sie auch beim Nachschubdienst überleben wollten. Ein besonders böses Ereignis traf die Bäckereikompanie der 290. ID, als sie sich in einer alten Flachsscheune einrichten wollte und beim Betreten derselben von dort versteckten russischen Stabsoffizieren unter Feuer genommen wurden und Verluste an Männern, Pferden und Geräten erlitten.

Diese Kompanie fand im Hinterland einmal fünf deutsche Pioniere, die von Partisanen übel zugerichtet und getötet worden waren.

Nach den Aussagen der Zivilbevölkerung fällten die Pioniere gerade Holz zum Bau einer Brücke, als sich russische Partisanen aus einem nahegelegenen Kornfeld an die abgelegten Waffen heranmachten, die Seitengewehre stahlen und damit die wehrlosen Soldaten erstachen.

So blieb es nicht aus, daß im rückwärtigen Gelände de 290. ID (aber auch bei allen anderen Divisionen im Kessel von Demjansk) der Krieg mehr und mehr verrohte und beiden Seiten schwere Verluste brachte.

Im Kampf mit dem Sumpf mit Schlamm und durch täglichen Bordwaffenbeschuß durch die sowjetischen Luftstreitkräfte, aber auch durch Federbrüche, ausfallende Motoren wurde der

Nachschubdienst mehr und mehr gefordert.

Die Pferdekolonnen konnten nicht mehr versorgt werden und für den Antransport per Bahn endete die Gleisstrecke bei Staraja Russa, rund 80 Kilometer Luftlinie von der 290. ID entfernt. Diese mußten dann per Lkw-Transport oder im Pferdewagen-Transport erfolgen, mit allen Unwägbarkeiten, die damit verbunden waren.

Als denn auch die im Sommer sumpffreien Hügelrücken mit einsetzenden Regenfällen wieder zu versumpfen begannen, ersoffen nach und nach die Wege und selbst die Rollbahn, vor allem aber die Stege und Knüppeldämme und versackten im Schlamm.

Wie beispielsweise die Bäckereikompanie arbeitete, sei an einigen Zahlen erhärtet. So hatte Hptm. Erdmann (später Rittmeister Ponath) in fünf Arbeitsgruppen an je 2 Öfen täglich 8000 Brote zu backen. Als bei einer Nachbardivision und einigen unterstellten Verbänden die Brotlieferungen ausfielen, hatte sie in drei Arbeitsschichten am Tage 20.000 Brote zu backen.

Vor allem die Sanitätstruppe soll hier nicht vergessen werden. Die beiden Sanitätskompanien der 290. ID und die Sanitäter in den Feldlazaretten sowie die vorgeschobenen Operationsgruppen direkt hinter der Front waren unermüdlich. Von ihnen allen hing das Leben der Schwerverwundeten in besonderem Maße ab. Es war bei der 290. ID Oberfeldarzt Dr. Sommer, der Vorbild und Ansporn seiner Soldaten war. Hier einer seiner Berichte:

„Wegen der Unruhe im Ostflügel der Division richtete die Sanitätskompanie 1/290 in Turij Dwor einen vorgeschobenen Hauptverbandsplatz ein. Da dieser durch das nahe heranrückende Moor (und der damit verbundenen Partisanengefahr) gefährdet war, wurde er abgebaut und in den Raum einige Kilometer westlich Jablonowo verlegt. Dort wurde er von einem Regiments-Reiterzug gesichert. Diese Verlegung erfolgte in letzter Stunde, denn als abends nach Abbau und Abtransport der Verwundeten das Lazarett leer war, wurde es in der Nacht von russischer Kavallerie angegriffen. Diese überrannten die schwache Ortsverteidigung und zündeten das Lazarett an, in der Absicht, die dort liegenden Schwerverwundeten zu verbrennen. Sei es nun die Schlächter-Kompanie, die Werkstattkompanie oder alle anderen rückwärtigen Dienste, die Männer auf den Schreibstuben, die Stabsoffiziere und deren Schreiber, alle standen für die Division ein, alle kämpften für ihr Wohlergehen in schwerster Zeit, und manche dieser Soldaten und vor allen die Hauptfeldwebel oder Hauptwachtmeister blieben unter einem Birkenkreuz in den Sümpfen der „Grafschaft" zurück.

Die Feldpost – Brücke zur Heimat

Feldpost im Kessel von Demjansk, das war für jeden Soldaten ein unvergleichliches Erlebnis, bei dem er für wenige Stunden oder Minuten ganz eng mit der Heimat verbunden war und mit seinen Lieben.

Als sich der Kessel von Demjansk gebildet hatte, galt es, die größte Sorge der Soldaten zu zerstreuen, daß damit alle Verbindungen mit der Heimat eingestellt worden seien.

Dies konnte nur mit der „Luft-Feldpost" geschehen. Sehr rasch war jene Luftbrücke hergestellt. Von Pleskau aus wurden Ju 52 für den Transport auch der Feldpost eingesetzt.

Ende März 1942 wurden sechs Ju 52 zum Feldposteinsatz befohlen. Bis zum Herbst 1942 waren es elf Maschinen, weil sich die Ausdehnung des Kessels vergrößert hatte und auch andere Ziele angeflogen wurden.

Es waren erfahrene Kapitäne der Deutschen Lufthansa, die diesen Dienst verrichteten. Das Bodenpersonal kam von der Luftwaffe.

Die ersten sechs Ju 52 ermöglichten einen Einsatz auf drei Strecken. Und zwar für den Nord-, Mittel- und Südabschnitt der Ostfront. Es wurde eine Monatsleistung von 1040 Flugstunden mit einer Streckenleistung von insgesamt 207.402 Kilometern vorgegeben und für jeden Flugzeugführer eine Zahl von 120 Flugstunden im Monat angesetzt.Nachdem am 10. April 1942 das Personal von Berlin-Staaken per Lufttransport und das Material per Bahn nach Biala Podlska gebracht worden waren, startete am 17. April je ein Bereitschaftsflugzeug nach Pleskau und Orscha. Am nächsten Tage beginnend, wurde von diesen Ausgangs-Flughäfen der reglmäßige Verkehr eröffnet.

Berlin war die Luftpost-Sammelstelle geworden, und ab dem 25. Mai 1942 waren alle Luftpostsendungen der Feldpost an diese Stelle zu richten.

Jeder Soldat der Ostfront erhielt monatlich vier Luftpostmarken. Mit Einrichtung dieses Feld-Luftpostverkehrs wurden die Laufzeiten der Feldpostbriefe von zwei bis drei Wochen auf vier bis fünf Tage verkürzt.

Vom 2. Juni bis zum 31. Dezember 1942 beförderte diese Feldluftpost 472.235 Telegramme.

Ein halbes Jahr nach ihrer Aufstellung konnte die Feldpoststaffel auf über 5.000 Stunden und 1.013.660 Kilometer unfallfreien Fliegens zurückblicken.

Vom 1. Januar bis zum 30. Juni 1943 waren es 2.087.465 Kilometer mit 10.500 Flugstunden sowie 2.061.643 Kilo beförderter Luftpost.

Auf den Rückflügen beförderten die Ju 52 in diesem Zeitraum 3.480 Verwundete und 4.352 Soldaten – überwiegend Urlauber – von der Front in die Heimat.

Wie dies im Kessel aussah, wie Demjansk mit der Feld-Luftpost versorgt wurde, sei am erhalten gebliebenen Dokumenten-Material der 290. ID dargelegt.

Im Kessel von Demjansk amtierte Feldpostmeister Schulze mit seinen Mitarbeitern. Hier kamen die für die Kesseldivisionen täglich eingeflogenen Luftpost-Sendungen, die vom Flugplatz bei Demjansk abgeholt werden mußten, bei den Divisionen an. Sie mußten verteilt und die ausgehenden Luftpostsendungen verladen werden.

Es war schon ein besonderes Ereignis, als Generalleutnant Frhr. von Wrede, Kommandeur dieser Division, als er im Fieseler Storch verwundet aus dem Kessel ausgeflogen wurde, noch in Staraja Russa seine Feldpost in Empfang nehmen konnte, die gerade angekommen war.

Mehr als einmal mußten die Männer der Feldpost sich im Kampf gegen ein- und durchgebrochene Feindverbände bewähren. Die 18 Männer und Feldpostmeister Schulze standen dann mit

Karabinern und Handgranaten bewaffnet ihren Mann. So hielten diese Soldaten beispielsweise drei Wochen lang am Südflügel von Borki. Aus der Dachluke der Kirche von Borki erkannte Feldpostmeister Schulze den angreifenden Feind und eröffnete das Abwehrfeuer auf diesen.

Der Fahrer des Postbus, Jonny Rehbein, war immer unterwegs. Im Brückenkopf Demjansk erlag er schließlich dem Fleckfieber. Die Feldpost, das war jedem Soldaten dieser Division klar, war so wichtig wie das tägliche Brot.

UNTERNEHMEN BRÜCKENSCHLAG

Auftrag und Truppen

Daß die in Demjansk eingeschlossenen sechs deutschen Divisionen nicht vergessen wurden, dafür sorgte vor allem auch die 16. Armee, der das II. Armeekorps unterstand. Bereits kurz nach der Einkesselung dieses Armeekorps und Teilen des X. AK, dessen Gros unter General der Artillerie Hansen unmittelbar vor der Einschließung befehlsgemäß nach Staraja Russa verlegt hatte, versuchte die 16. Armee nicht nur die abgesprengten Truppenteile, sondern vor allem auch das II. AK wieder voll in ihren Verband einzufügen und gemeinsam eine feste Front zu bilden.

Die Heeresgruppe Nord, von der 16. Armee immer wieder darauf angesprochen, wandte sich mit der dringenden Bitte an das Oberkommando des Heeres, diesem Begehren so rasch wie möglich nachzukommen. Dies allerdings war aufgrund der Schwierigkeiten an der gesamten Front des Ostkriegsschauplatzes leichter gesagt als getan. Schließlich steckte auch die gesamte Heeresgruppe Mitte in einer tiefen Krise.

Ein erster Versuch, mit der aus Frankreich kommenden 5. Jäger-Division durchgeführt, scheiterte, weil auch eine Division mehr nichts gegen diesen vier Armeen starken, voll ausgerüsteten Feind auszurichten vermochte. (Über diesen Einsatz in einem späteren Abschnitt mehr).

Nunmehr stellte das OKH (die Gefahr eines Zusammenbruchs der HGr. Mitte war inzwischen verhindert) einige Divisionen zu dem Befreiungsschlag des Kessels von Demjansk zur Verfügung. Neben der bereits mit Teilen eingetroffenen 5. Jäger-Division wurde auch die 8. Jäger-Division aus Frankreich an die Ostfront verlegt. Aus Deutschland wurde die neu aufgestellte 329. ID im Bahntransport in den Nordabschnitt der Ostfront gefahren und die HGr. Nord gab selber die 18. ID (mot.), die am Ladogasee kämpfte, und die 122. ID von der Newafront ab.

Diese genannten Truppen (zu denen wenig später noch andere

Verbände stießen) wurden zur Korpsgruppe Hansen zusammengefaßt und dem Befehl von General der Artillerie Hansen unterstellt, dessen Chef des Stabes Oberst i. G. von Horn wurde.

Diese Korpsgruppe erhielt den Kampfauftrag, der den Codenamen „Unternehmen Brückenschlag" trug. Die Hauptaufgabe dieses Unternehmens war:

„Wiederherstellung der Landverbindung mit dem um Demjansk eingeschlossenen II. Armeekorps."

Kommandierender General des gesamten Entsatz-Verbandes wurde unmittelbar nach dessen Aufstellung Walter von Seydlitz-Kurzbach. Dieser war ein erfahrener Truppenführer. Als Kommandeur der 12. ID hatte er am 15.8.1940 nach Ende des Frankreich-Feldzuges das Ritterkreuz erhalten, um am 31.12.1941 im Rußlandfeldzug als Kdr. dieser Division das 54. Eichenlaub zum Ritterkreuz zu erringen.

Hinter der bei Staraja Russa stehenden 127. ID versammelte sich diese Entsatzgruppe südlich Staraja Russa entlang der Bahnlinie nach Tuleblja.

Zu der Zeit, als im Kessel die Überlebenskämpfe der eingeschlossenen Divisionen voll entbrannt waren, verbanden sich die einzelnen Teile zu den verschiedenen Sturmgruppen.

Laut Gefechtsplan sollten die 5. und 8. Jäger-Division nach Osten antreten, über die erkundeten Brückenstellen und Furten der Redja setzen und als erstes Etappenziel den Lowatj im Raume Kobylkino erreichen.

Dorthin sollten aus dem Westteil des Kessels die bereitgestellten Truppen ihnen entgegenstoßen und sich dann vereinigen und den gebildeten Schlauch freihalten. Als spätester Angriffstermin wurde der 20. März genannt, denn danach war mit der Gefahr des Einfalls der Schlammzeit zu rechnen, was diesen entscheidenden Stoß im Schlamm hätte ersticken lassen.

Die an diesem Angriff beteiligten Divisionen und größeren Truppenverbände waren:

5. Jäger-Division:	Generalleutnant Allmendinger
8. Jäger-Division:	Generalmajor Hoehne
18. Infanterie-Division (mot.):	Generalmajor von Erdmannsdorff

122. Infanterie-Division:	Generalmajor Macholz
329. Infanterie-Division:	Oberst Hippler
	(später GenMa. Dr. Dr. Mayer)
Ein Sicherungsregiment:	Oberst Dr. Dr. Mayer (später SS-Standartenführer Becker).

I./PR 203, II./LW-Feldregiment 44, Baubataillon 132, Sturmgeschütz-Batterien 659 und 666, jeweils ein Zug 3./Flak-Abteilung 745 und 5./Flak-Abteilung 31.

Die besondere Aufgabe für die 18. ID (mot.) bestand darin, Anschluß an die Truppen in Staraja Russa zu halten u n d den Schutz nach Norden für die 5. und 8. Jäger-Division zu übernehmen, die im Schwerpunkt des Angriffs eingesetzt waren.

Die 122. ID, die zu dieser Zeit nur noch über drei Bataillone Infanterie verfügte, wurde mit Unterstützung durch die I./PR 203 als Reserve hinter der Mitte der Gruppe von Seydlitz nachgezogen, um an Krisenpunkten einzugreifen.

Wichtig für das Durchschlagen dieses Angriffs war die kompakte und dichte Formation der Angriffstruppen. Dies wiederum zwang die Führung des Unternehmens, die rechte Flanke zur Luftwaffen-Feldbrigade unter Generalmajor Eugen Meindl (später zur 21. Luftwaffen-Feld-Division aufgestockt), offen zu lassen. In dieser Lücke waren einige Partisaneneinheiten gemeldet worden. Um sie in Schach zu halten erfolgte die Bildung eines Sicherungs-Regimentes, das sich aus der PzJägAbt. 290 der im Kessel verteidigenden 290. ID, deren Aufklärungs-Schwadron 290, dem I./Luftwaffen-Feldregiment 5, dem Radfahr-Batl. 5 und einem Jagdkommando des X. AK zusammensetzte, und eine Stärke von etwa 1000 Mann aufwies.

Es gelang nicht, die noch am Wolchow und südostwärts Staraja Russa stehenden Kräfte der 122. ID zur ID zurück aufzustocken und diese damit wieder voll kampfkräftig zu machen.In jener Nacht zum 21. März 1942, als feindliche Fallschirmjäger versuchten, den Korp-Gefechtsstand des II. AK handstreichartig in Besitz zu bringen, startete auch der Angriff der Gruppe von Seydlitz, der um 07.30 Uhr des 21.3.1942 mit einem kräftigen deutschen Feuerschlag auf die Feindansammlungen begann.

Der Einsatz allgemein

Die beiden Jäger-Divisionen stürmten mit Elan nach vorn. Diese Verbände erzwangen wenige Stunden nach Angriffsbeginn bereits den Übergang über die Porussja. Dieser entscheidende Durchbruch wurde nach besten Kräften vom Artillerie-Regiment 122 der 122. ID getragen. Fünf Panzer der 3./PR 203 brachen im Zuge dieses Vorstoßes auf dem zugefrorenen Polistj-Fluß nach Süden durch. Bei Iwanowskoje prallten sie gegen die Feindfront und schossen sich den Weg hindurch frei, dabei eine russische Kompanie gefangen nehmend.

Die hier nachfolgende 329. ID drang in die HKL des Feindes ein, erstürmte deren ersten Graben und setzte sich dort fest.

Vermerkt sei an dieser Stelle auch, daß die Luftflotte 1 mit allen einsatzbereiten Flugzeugen in den Kampf eingriff und die erkannten Feindstellungen mit Bomben belegte. Gegen diese Maschinen mit dem Balkenkreuz bot die russische Führung ihre eigenen Verbände mit dem Roten Stern auf. (In den Luftduellen über Staraja Russa fiel auch Leutnant Frunse, der Sohn des russischen Militärexperten und Politikers Michail Wasiljewitsch Frunse, dessen Geburtsort Pischpek ihm zu Ehren in Frunse umbenannt worden war. Frunse war – und dies unterstreicht seine Bedeutung für die UdSSR seit April 1925 Nachfolger Trotzkis als sowjetischer Kriegskommissar).

Die Rote Armee warf diesem Angriffskeil starke Truppenverbände entgegen, um ihn abzufangen und zu vernichten. Es kam zu erbitterten Gefechten um die Ortschaften Jaswy und Michalkino. Die 122. ID wurde aus der Reserve nach Norden geführt, um die 5. Jäger-Division zu unterstützen, die sich in harten Abwehrkämpfen befand und wirkungsvoll durch die kleine Streitmacht der 122. ID unterstützt wurde und den Feind zurückdrängen konnte.

Hier waren es wieder die wenigen Stukas der Luftflotte 1, die mit aller Kraft zuschlugen, um sowjetische Truppenansammlungen zu vernichten und Breschen zum weiteren Vorgehen zu schlagen. Der Schnee war nach wie vor bis zu einem halben Meter hoch, und die Temperaturen schwankten zwischen 12. und 20 Grad minus. Dennoch gelang es dem IR 409 (der 122. ID) mit seinem I. Bataillon, die Ortschaft Ssytschewo zu erstürmen, während das II. Bataillon die Verbindung mit der 5. Jäger-Division herstellte. Hier, im Pennabogen wollte die Rote Armee die Nordflanke der Gruppe Seydlitz aufrollen, nach Staraja Russa gelangen und damit dem Entsatzvorstoß ein Ende bereiten.

Als das Tauwetter einsetzte, standen Angreifer und Verteidiger oftmals bis zur Brust im Wasser. Der Kampf aber ging weiter. Es galt, die „Festung Demjansk" zu entsetzten und die dort einge- schlossenen Kameraden zu befreien.

Dann trat Ende März wieder starker Frost ein, der bis zu 30 Grad minus betrug. Schneetreiben überdeckte die Eiswüste, und Schneestürme ließen die Männer in ihren nassen Uniformen erstarren. Dennoch lief die Operation Brückenschlag pausenlos weiter, und die 18. ID (mot.) gelangte in einer ungeheuren Anstrengung über die Porussja nach Nordosten bis nach Penna. Jene Straße, die von Staraja-Russa in den Raum Penna führte, wurde stützpunktartig gesichert. Die rechts von der 18. ID (mot.) vorgehende 5. Jäger-Division stieß genau nach Michalkino vor. Ihre Nachbar-Division, die 8. JD, stürmte nach Osten und warf durch das urwaldartige Dickicht der Wälder und des Buschgeländes die Truppen der Roten Armee zurück.

Ihr IR 552 erreichte Wystawka und eroberte am nächsten Morgen auch Podjepotshe. Hier konnten sie die unter den Trümmern die- ser Ortschaft noch immer seit Januar ausharrenden Soldaten des SS-Regiments 5 befreien, die acht Wochen an dieser Stelle gegen vielfache Übermacht verteidigt hatten.

Nach wie vor versuchte die Führung der Roten Armee, diesen unaufhaltsam vordringenden Stoßkeil zu stoppen. In den Wäldern hielten sich russische Truppen so lange, bis sie nieder- gekämpft waren. Auch für sie gab es kein Zurück.

Bereits am 23.3.1942 war hier Oberst Bruno Hippler (seit dem 1.3.1942 übrigens bereits zum Generalmajor befördert) bei einem nächtlichen Erkundungsvorstoß gefallen. Er war auch zum Deutschen Kreuz in Gold eingereicht, das ihm am 2. April 1942 verliehen wurde, als er bereits gefallen war.

Für diesen tapferen Soldaten aus Heilsberg übernahm Oberst Dr.

Dr. Mayer, Kdr. des für den Angriff gebildeten Sicherungsregiments die Divisionsführung, während Standartenführer Becker das Sicherungs-regiment übernahm.

(Oberst Dr. rer. Pol. Dr.-Ing. Johannes Mayer, war einer der profiliertesten Soldaten des Heeres. Als Kdr. des IR 501 hatte er am 13.9.1941 das Ritterkreuz erhalten, am 13.4.1944 wurde er, inzwischen Generalleutnant und Kdr. der 329. ID, als 453. deutscher Soldat mit dem Eichenlaub zum RK ausgezeichnet, um als 89. deutscher Soldat am 23.8.1944 die Schwerter zum Ritterkreuz mit Eichenlaub zu erhalten).

Das I./JR 75 erstürmte Jadwy und sperrte die Straße Staraja Russa-Ramuschewo-Demjansk. Die rechts davon stürmende 8. JD schlug sich durch die Wälder und halbgefrorenen Sümpfe durch unbewohntes unwirtliches Gebiet, das möglicherweise vor ihnen noch keines Menschen Auge (außer der Partisanen) gesehen hatte.

Zusammengefaßt trat die I./PR 203 am 25.3. aus Nowo-Swinochowo über Bolschoje-Gorby zum Duchbruch zur Straße Jaswy-Ramuschewo an und erreichte nach einigen Geplänkeln gegen russische Streifscharen das Ziel.

Zwei Tage darauf gelang es der Abteilung südlich des Pennaweges einen russischen Panzerangriff zu stoppen. In einem sagenhaften Duell konnten die Panzer IV der Abteilung nacheinander T 34 um T 34 abschießen. Es war für alle Beteiligten eine große Überraschung, daß die schweren T 34 mit ihren gewaltigen Kanonen derart zusammengeschossen werden konnten. Nur zwei der eigenen Panzer wurden kampf-unfähig geschossen und zwei weiteren wurden die Ketten heruntergeschossen. Acht T 34 lagen zerschossen und zerschrottet auf dem Gefechtsfeld.

Damit war der Weg für die 329. ID frei, um durch das Sumpfgebiet des Porussja-Flusses beiderseits Koslowa vorzustoßen.

Damit hatte die Gruppe von Seydlitz den Einbruch in die russische Front erreicht, die sich zwischen Staraja Russa und Demjansk geschoben und Demjansk auch nach Westen abgeschlossen hatte.

Dennoch war die Lage der Gruppe Seydlitz insofern kritisch

geworden, als (durch das zwei Tage zu späte Antreten verursacht) am 26.3. die Temperaturen stiegen und die durchgehende dicke Schneeschicht feucht und rutschig wurde. Das war das erste Anzeichen für das unerbittlich nahende Tauwetter, welches den gesamten Befreiungsangriff zum Erliegen bringen mußte. Darüber hinaus kämpften die Truppen der Roten Armee erbittert und hielten noch am Westufer der Redja stand. Hier hatte die Rote Armee auf einer Breite von etwa 10 Kilometern zwischen der Redja und der Lowatj einen fünffachen Stellungsriegel errichtet, der von Eliteverbänden verteidigt wurde. Um diesen Verteidigungsraum weiter zu sichern, griffen aus der linken Flanke der Jäger-Regimenter motorisierte russische Schützenverbände zwischen Penna und Michalkino nach Süden an, in der Absicht, die Jägerverbände von ihren rückwärtigen Verbindungen und Nachschubrouten abzuschneiden und zu vernichten. Dieser Angriff wurde unter erheblichen Verlusten abgewehrt.

Als am 27. März ein russisches Panzerrudel von etwa 20 bis 25 T 34 in die Flanke der 5. Jäger-Division stieß und bei Ssytschewo durchzubrechen versuchte, traf es in Michalkino auf das JR 46. Im Zentrum dieses Abwehrkampfes gelang es dem III. JR 46 unter Hauptmann Windbiel dieses Panzerrudel zu stoppen. Es kam zu einem in der Divisionsgeschichte noch nicht erlebten Abwehrkampf gegen die Panzer. Hptm. Windbiel selbst vernichtete mit seinem Batl-Trupp drei T 34. Die Panzer rollten durch die Dorfstraße, schwenkten auf Widerstandsnester ein, welche die nachfolgenden Rotarmisten von den Kampfwagen herunterschossen, oder sie in Deckung zwangen.

Aus den Gassen, hinter Zäunen und Mauern sprangen die Nahkampftrupps diese Stahlkolosse an. Unter den Detonationsschlägen der geballten Ladungen, Tellerminen und gebündelten Handgranaten barsten die Panzer auseinander, gerieten in Brand und wurden von den detonierenden eigenen Granaten zerrissen.

Vier Stunden dauerte dieser Abwehrkampf. Keiner der T 34 entkam, da auch einige, welche die Flucht ergreifen wollten, von den wenigen Pak abgeschossen wurden.

Ebenso wie in Michalkino hielten sich die Männer des I./JR 75 unter dem Kommando von Oberst Walter Jost. Zu seiner Unterstützung schoß das AR 5 unter Oberst Hans Wagner innerhalb eines Tages 4.900 Schuß im Raume Jaswy und fügte den russischen Angreifern hohen Schaden zu.

An dieser Abwehrfront erhielten Hauptmann Windbiel (erst am 21.11.1942, obgleich schon im März 1942 dazu vorgeschlagen, das Ritterkreuz, nachdem er am 1.5.1942 das Deutsche Kreuz in Gold erhalten hatte.

Oberst Walter Jost wurde am 31.3.1942 mit dem Ritterkreuz ausgezeichnet und Oberst Hans Wagner seit dem 26.11.1941 Träger des Deutschen Kreuzes in Gold, wurde am 18.4.1943 mit dem Ritterkreuz ausgezeichnet, als der Kampf um die Festung Demjansk bereits zu Ende gegangen war.

Diese Angriffs- und Verteidigungskämpfe hatten die Moral der Roten Armee erschüttert, und der Oberbefehlshaber der sow. Heeresgruppe „Nordwestfront", Generalleutnant Kurotschkin, er ließ einen Tag danach einen besonderen Tagesbefehl an die Truppe:

„1. Es wird keinen Schritt weiter zurückgegangen!

2. Alle Panikmacher und Feiglinge sind auf der Stelle zu erschießen."

Blenden wir an dieser Stelle dem Kampfbericht über die beiden Jäger-Divisionen ein, um aus deren Sicht ihren Einsatz zu würdigen.

Die 8. Jäger-Division bei „Brückenschlag"

Die 8. Infanterie-Division gelangte im Zuge der Winteroffensive der HGr. Mitte bis kurz vor Moskau, bevor sie aus der Front herausgezogen wurde, um mit der 5. Und 29. ID gemeinsam zu zwei Jäger-Divisionen umgerüstet zu werden. Doch diese Planungen wurden durch die Ereignisse an der Ostfront über den Haufen geworfen. Während das Kommando des VIII. AK in den Raum Stalingrad dirigiert wurde, verlegte die 28. ID auf die Krim.

Die 8. Und 5. ID hingegen wurden zu Jäger-Divisionen umbenannt und entsprechend derselben ausgestattet. Danach erfolgte ihre Verlegung in den Nordabschnitt der Ostfront, in den Raum Staraja Russa am Ilmensee.

Hier bildeten diese beiden Divisionen einen Teil der „Stoßgruppe Seydlitz", die zur Öffnung des Kessels von Demjansk zusammengestellt worden war.

Im Verband der 8. Infanterie-Division stehend, hatte Hptm. Arthur Jüttner, Kommandeur des II./IR 38, bereits am 14.12.1941 das Ritterkreuz erhalten. Am 1. Januar 1942 wurde er zum Major befördert und befehligte weiterhin das III./IR 38. Diese Infanteristen sollten, dem Charakter einer Jäger-Division entsprechend, als „Mittelgebirgsjäger" fungieren, im Skilaufen trainiert sein und auf diesen „Brettern" auch schießen können.

Als der Entsatzangriff der Gruppe von Seydlitz am 22.3.1942 begann, stürmte das Bataillon Jüttner an der Spitze des Angriffs (wie im vorangegangenen Abschnitt in der großen Lage dargelegt) und erreichte als erstes Bataillon die zugefrorene Redja. In einem der niedergebrannten Dörfer wehrte es einen sowjetischen Flankenangriff ab. Anschließend wurde es Eingreif-Bataillon der Division.

Als wenige Tage später der Angriffsweg der Division von starken Feindkräften gesperrt wurde, erhielt Arthur Jüttner Befehl, die feindbesetzte Ortschaft Tscherenschitzy anzugreifen und den Feind über die wahren Absichten der Division zu täuschen. Diese Ortschaft sollte, um die Tarnung perfekt zu machen, einen Tag lang gehalten werden.

Trotz starker feindlicher Übermacht gelang es Jüttner, diesen Befehl auszuführen. Als er sich mit seinem Bataillon durchkämpfte, mußte er mit seinen Grenadieren in verlustreichen Kämpfen die Nachschubwege von versprengten Feindgruppen freikämpfen.

In den folgenden Kämpfen stand das Bataillon immer wieder in schweren Gefechten und boxte mehrfach die Division nach vorn. Als sich seine Division und die angeschlossene 5. JD bis auf zehn Kilometer dem Lowatj genähert hatten, sollte der entscheidende Vorstoß in die Festung geführt werden. Aber kaum eines der Bataillone verfügte mehr über die Durchschlagskraft, diesen

Durchstoß zu schaffen.

In dieser Situation erhielt Arthur Jüttner von seinem Divisionskomman-deur, Generalleutnant Karl Allmendinger, Befehl, die Spitze zu übernehmen und – koste es, was es wolle – die Lowatj zu erreichen.

Karl Allmendinger, durch die Schule des Generalstabes gegangen und seit dem 25. Oktober 1940 Kommandeur dieser Division, kannte den tapferen Schlesier aus den vorangegangenen Kämpfen. Wenn einer es überhaupt schaffen konnte, dann war dies Jüttner, der mit dazu beigetragen hatte. Genau so, wie er es hier bei Demjansk und in den weiteren Kämpfen im Nordabschnitt der Ostfront noch zum 153. Eichenlaub zum RK brachte, das ihm am 13. Dezember 1942 verliehen wurde.

Es galt bis zum 20. April, die Lowatj zu erreichen und dort die Verbindung mit der aus dem Kessel entkommenen Gruppe Eicke aufzunehmen.

SS-Obergruppenführer Eicke war es gelungen, mit seiner 3. SS-Panzerdivision Totenkopf die feindliche Umklammerung zu durchbrechen. Aber nun brauchte er dringend Unterstützung, um nicht zwischen zwei russischen Kampfgruppen zerquetscht zu werden.

Im Morgengrauen des 20. April 1942 stellte sich das Bataillon Jüttner bereit. Die Schnee- und Eisschmelze war bereits vorüber, und links und rechts neben der erhöht verlaufenden Straße lag der riesige Sumpf, in den sich das Eisfeld zurückverwandelt hatte. Aus diesen Seen ragten nur einige wenige Sandinseln heraus, die allesamt von Rotarmisten besetzt waren.

Geben wir Arthur Jüttner das Wort:

„Wir mußten zunächst die alten Linien zurückgewinnen und uns solcherart eine gute Ausgangsposition erkämpfen. Dies klappte auf Anhieb.

Danach stürmten die Grenadiere die Sandinseln und säuberten sie vom Gegner. Als die Dunkelheit einfiel, war das Bataillon bis auf drei Kilometer an die Lowatj herangekommen. In der Nacht wurde aufmunitioniert. Verpflegung kam heran. Meine Männer wußten, daß es weitergehen würde und waren auch bereit, für ihre Kameraden im Kessel mit letztem Einsatz zu kämpfen.

Mit dem ersten Büchsenlicht des 21. April traten wir abermals an und überwanden den letzten Schützenriegel der Sowjets. Unsere Pioniere unter Hauptmann Dietrich Petter, dem einsatzfreudigen Soldaten, setzten als erste über die Lowatj und stellten die Verbindung mit den Soldaten im Kessel wieder her.

Die Generale von Seydlitz und Höhne sprachen dem Bataillon ihre besondere Anerkennung aus. Unser Hauptmann Petter erhielt das lange schon verdiente Deutsche Kreuz am 11.6.1942."

In der Folgezeit war Jüttner, inzwischen zum Major befördert, mit seinem Bataillon im Rahmen der 8. Jäger-Division im Kesselschlauch eingesetzt. Bei Rykalowo an der Pola und bei Wassiljewitschina zeichnete er sich in der Abwehr verschiedener russischer Großangriffe aus.

Von August bis November 1942 führte Arthur Jüttner vertretungsweise das JR 38 und erlebte mit diesen Männern einige Großkampftage. Es kam jetzt vor allem darauf an, ob es den Sowjets gelang, den Schlauch einudrücken und die hier verteidigenden deutschen Soldaten zu vernichten.

An der Nordseite des Kessels bei der 123. ID entwickelten sich in dieser Phase des Abwehrkampfes schwere Gefechte. Die 58. ID kam zur Hilfeleistung heran. Als das Grenadier-Regiment 220 dieser Division bei den erbitterten Kämpfen seinen Kommandeur verlor, sprang Major Jüttner ein und übernahm die Führung des verwaisten Regiments.

An diesem Abschnitt gelang es, eine breite Lücke nördlich Demjansk zu schließen. Bei starkem Frost, bis zu 30 Grad unter Null, lagen die Männer hier in offenen Stellungen oder Schneelöchern. Jedem von ihnen wurde das Letzte abverlangt.

Auch in diesem Frontabschnitt hatte Major Jüttner wiederum einen entscheidenden Anteil am Gelingen der Unternehmen, insbesondere bei den Kämpfen zu Weihnachten 1942 und eingangs Januar 1943.

Als der Kessel geräumt wurde, was an anderer Stelle dargelegt werden soll, hatte Arthur Jüttner daran entscheidenden Anteil. Es ging darum, Soldaten, Waffen und Geräte in kontinuierlichen Sprüngen nach Westen zu bringen und nichts dem Feind zu überlassen.

Major Jüttner wurde mit einem Sonderstab zur Korpsgruppe Höhne kommandiert. Er ging mit seinem Stab als letzter über die Lowatj-Brücke, die anschließend von den Pionieren gesprengt wurde.

Am 23. Februar 1943 erhielt Arthur Jüttner wegen einer Reihe besonderer Tapferkeitstaten das Deutsche Kreuz in Gold. Er nahm an einem Regimentsführer-Lehrgang in Döberitz teil und übernahm danach das GR 532 der 383. ID als Kommandeur. Am 1.9.1943 wurde er zum Oberstleutnant befördert. (Am 18.10.1944 wurde er als 622. deutscher Soldat mit dem Eichenlaub zum RK ausgezeichnet. Die 141. Schwerter wurden ihm am 5.4.1945 überreicht).

Wenden wir uns an dieser Stelle dem Verband zu, der als einziger im Kessel von Demjansk mit Sturmgeschützen ausgestattet war und in einem erbitterten und auch für ihn verlustreichen Einsatz gegen die russischen Panzer kämpfte.

Der Sturmgeschütz-Abteilung 184.

DIE STURMGESCHÜTZ - ABTEILUNG 184 IM KAMPF UM DEN KESSEL

Einleitung – Situationsbericht

Fast alle einsatzbereiten Sturmgeschütz-Verbände des Heeres waren mit Beginn des Ostfeldzuges in den Einsatz gerollt. Jene im Nordabschnitt eingesetzten Batterien und Abteilungen waren in den Kämpfen des Jahres 1941 derart angeschlagen, daß sie ganz oder auch teilweise aus dem Kampf herausgezogen und in der Heimat neu aufgefrischt werden mußten. Neue Abteilungen aber konnten im Augenblick nicht aufgestellt werden, da die Fertigung nicht in der Lage war, eine entsprechende Anzahl Sturmgeschütze zu liefern.

Lediglich die Sturmgeschütz-Batterie 659 war im Nordabschnitt der Ostfront zurückgeblieben und kämpfte im Raume südlich des Ilmensees bei Staraja-Russa, dabei wechselnden Verbänden unterstellt.

Sie wurden für eine Anzahl von Infanterie-Verbänden zur letzten Rettung, wenn sie eingedrungene Feindverbände aus den Stellungen warfen und verloren gegangene Abschnitte der HKL zurückgewinnen halfen. Übrigens fanden die letzten Einsätze dieser Batterie im Spätherbst und Winter 1942 im Raume des Kessels von Demjansk statt und zwar als 1. Batterie der Sturmgeschütz-Abteilung 184.

Dies war der einzige Sturmgeschütz-Verband, der nach seiner Auffrischung in der Heimat wieder in den Nordabschnitt der Ostfront zurückkehrte. Hier ist sein Kampfweg im Großraum Demjansk, wo er sich einen besonderen Namen machte. Hier wurden die Geschütze mit dem Flammenschwert als Wappen zu einer Feuerwehr an den verschiedensten Plätzen.

Die Abteilung erhielt am 16. Januar 1942 – nach ihrer Wiederauffrisch-ung in Treuenbrietzen bei Jüterbog, den neuen Einsatzbefehl und erreichte in sechstägiger Bahnfahrt den Ausladeort Porchow. Auf dem Marsch von dort aus zur Front stürzte eines der Geschütze an einer Brücke ab. Uffz. Thiemau fand hier den Tod.

Die Abteilung kämpfte zunächst bei Bor Grjada und trug ihre Angriffe beiderseits der Rollbahn auf Cholm vor. Bei einem Angriff gegen die russischen Belagerungskräfte erhielt das Geschütz Lt. Schöne einen Volltreffer. Der Leutnant und zwei Männer seiner Besatzung fielen. Einen Tag später wurde das Geschütz von Oblt. Schuster abgeschossen. Auch er fiel mit zwei Soldaten seiner Besatzung.

Damit war die 3. Batterie ohne Offiziere, denn auch das Geschütz von Lt. Tornau wurde in den laufenden Entsatzangriffen gegen Cholm abgeschossen. Der Durchbruch auf Cholm mußte verschoben werden. Es gelang der Abschleppstaffel, die Geschütze Tornau und Schöne zu bergen. Das Geschütz Schuster mußte aufgegeben werden, da die Russen bis zu ihm vorgestoßen waren.

Cholm war bereits seit Mitte Januar 1942 von der Roten Armee vollständig eingeschlossen worden.

In den weiteren Kämpfen um Cholm und dessen Befreiung kam es zu einer Reihe schwerer Gefechte, in denen diese Abteilung eine besondere Rolle spielte. Als Angriffsbeginn zur Entsatzung von Cholm war der 3. Mai 1942 genannt worden.

Um 11.00 Uhr dieses Tages traten fünf Geschütze der 2. und zwei Geschütze der 3. Batterie an. Aus allen Rohren schossen sie in den dicht bei dicht feindbesetzten Proninowald. Drei Geschütze blieben mit Minentreffern liegen, konnten aber wieder flott gemacht werden. Einige Feindpanzer wurden abgeschossen.

Die Fortsetzung dieses Angriffs am nächsten Tage sah Lt. Pietschmann im Angriff. Oblt. Hohenhausen verbrannte sich beim Schießen mit der Leuchtpistole aus dem Sturmgeschütz heraus die Hand, als er den angreifenden He 111 und Ju 88 die Standorte der Sturmgeschütze anzeigte, als die Pistole am Scherenfernrohr hängen blieb. Er mußte sein Geschütz an Oberwachtmeister Hönike übergeben.

Der Vorstoß auf Cholm trat am frühen Morgen des 5.5.1944 in die entscheidende Phase. Nach einem 90-minütigen Sturmlauf erreichten sie, allen voran Oblt. Hohenhausen, die Eingeschlossenen. Nach 105 Tagen war Cholm befreit. Oblt.

Richard Hohenhausen erhielt am 11.5.1942 dafür das Ritterkreuz.

Nach diesem Auftakt, der wegen der engen Verbindung von Cholm zu Demjansk, als zweiter kleinerer Kessel und Widerstandsinsel gegen die rote Flut Demjansk geholfen hatte, indem er starke Feindkräfte – die 3. russische Stoßarmee – auf sich zog, die anderenfalls aus Südwesten auch gegen Demjansk angetreten wären, zum weiteren Einsatz dieser Abteilung gegen den Feind bei Demjansk.

Ende Mai 1942 rollte die Sturmgeschütz-Abteilung 184 über die im Landsermund so genannte „Himmel-Arsch-und Wolkenbruch-Brücke" bei Ramuschewo und durch den geschaffenen Rollbahnschlauch in den Kessel von Demjansk hinein, der inzwischen freigekämpft und nach beiden Seiten gesichert worden war.

Am Waldrand von Sdorowetz zogen die Sturmgeschütze unter.

Ab Juni waren sie im Einsatz und im Kampf auf der Höhe 303 mit seinem Stützpunkt. Bei und der Verteidigung dieses wichtigen Punktes am Schlaucheingang auf der Kesselseite, mußten immer wieder russische Angriffe abgewehrt werden. Jene Besatzungen, deren Wagen ausgefallen waren, reihten sich in die Gruppen der Verteidiger ein.

Oblt. Böhme übernahm nach Ausfall von Oblt. Feuerherd die Führung der 1. Batterie.

Am 17.7. schoß hier Lt. Stöck zwei T 34 ab, die einen Infanterie-Angriff voranreißen sollten. Bis zum nächsten Tage verloren die Russen hier acht Panzer.

Beim Angriff zur Erweiterung des Schlauches an der Westseite des Kessels wurde Oblt. Böhme schwer verwundet. Ein unbekannt gebliebener Leutnant übernahm die Führung der Batterie.

Während eines Entlastungsangriffs bei der 30. ID im Raume Bjeli Bor stießen zwei Sturmgeschütze direkt in Richtung zu den Waldai-Höhen vor und befreiten einen dort vorgeschobenen Stützpunkt der 30. ID aus der russischen Umklammerung. Eines der Geschütze versank dabei bis zu den Kettenabdeckungen im Sumpf.

Als sich die Stützpunktbesatzung im Schutze des noch einsatzbereiten Geschützes zurückziehen mußte, wurde das im Sumpf steckende Sturmgeschütz gesprengt.

Am 3. August mußte der Abteilungskommandeur, Oberstleutnant Fischer, seinen Verband verlassen. Er verabschiedete sich mit Handschlag von j e d e m seiner Männer. Major Erich Schmidt trat seine Nachfolge an.

Am 10. August kam es im Raume Wassiljewschtschina zu schweren Kämpfen. Zwei Sturmgeschütze erhielten Volltreffer. Lt. Martin Rausch von der 2. Batterie, der am 24.2.1942 das Deutsche Kreuz in Gold erhalten hatte, fiel bei der Erkundung eines neuen Einsatzes, als er mit seinem VW-Kübelwagen mitten in eine russische Bereitstellung hineinrollte.

Leutnant Kunad schoß im Duell mit einem Rudel T 34 drei dieser gefährlichen Gegner ab.

Am 24.8. mußte Oblt. Granitza die Abteilung verlassen.

Im Verlaufe dieser Gefechte, deren Vielzahl nicht dargestellt werden können, war die Abteilung 184 bei 11 Divisionen im und beim Kessel von Demjansk als Feuerwehr eingesetzt und erfreute sich größter Hochachtung beim letzten Landser. Wenn der Ruf erscholl: „Sturmartillerie vor!" waren sie zur Stelle und schossen der Infanterie den Weg frei oder befreiten sie aus kritischen Situationen.

Beim Angriff auf Rossino am 26. Oktober erhielt das neue Langrohrgeschütz der 2. Batterie den Treffer einer 17,2 cm-Granate. Obwm. Meyer, sein Kommandant, befand sich gerade nicht im Geschütz. Gefreiter Jost war sofort tot, Obgefr. Grunwald und Uffz. Ehme wurden verwundet. Das Geschütz wurde durch die explodierende Munition zerrissen.

Einen Tag später wurde auch Major Schmidt verwundet. Oblt. Ostheim, Chef der 1. Batterie, fiel durch Artillerie-Volltreffer. Leutnant Nagel fiel am 4.11.1942.

Am 25. Dezember begannen schwere russische Angriffe. Der Feind war an mehreren Stellen durch die deutsche HKL gesickert und versuchte nun, diese schmalen Breschen mit Flammenwerfer-Einheiten und Panzern zu erweitern und dem nachfolgenden Gros den Durchbruch freizuboxen.

Im Raume Sofronkowo erhielten am Morgen des 1. Januar 1943

Uffz. Riss mit seinem Langrohrgeschütz und Uffz. Naumann mit dem Kurzrohrgeschütz Auftrag in einer Riegelstellung 800 Meter ostwärts Sofronkowo gegen Feindpanzer zu sichern.

Hier der Bericht von Uffz. Horst Naumann, Geschützführer in der 3./StGeschAbt. 184:

Unteroffizier Naumann als **"Panzerkiller"**

„Auf Befehl des Bataillonskommandeurs stellten wir uns folgendermaßen auf: Das Langrohr rechts vom Weg, mit Schußrichtung nach Osten. Mein Kurzrohr links vom Weg, mit Schußrichtung nach Norden. Der Abstand zwischen beiden Geschützen betrug 100 m. Dazwischen lag eine Anhöhe, der vorderste Punkt unserer Riegelstellung:

Bis um 09.30 Uhr herrschte verhältnismäßig Ruhe, die nur durch russisches Werferfeuer unterbrochen wurde. Im allgemeinen griffen die Sowjets immer pünktlich um 10.00 Uhr an; so auch diesmal. Kurz nach 09.30 Uhr war auf einmal die Hölle los. Stalinorgeln, Artillerie, Granatwerfer und Phosphorwerfer ergossen ihre Ladungen über uns."

„Luken dicht!" befahl Unteroffizier Naumann.

Ebenso lautete der Befehl, den Unteroffizier Riss zur gleichen Zeit im Langrohrgeschütz gab. Eine volle Stunde saßen die Sturmartilleristen in ihren Stahlkästen. Granaten gingen einmal näher, dann wieder weiter entfernt nieder. Stahlsplitter prasselten gegen die stählernen Kolosse. Nur nicht die Ruhe verlieren, dachten alle. Einmal muße es auch wieder aufhören.

Dann wurde es ruhiger. Unteroffizier Naumann öffnete seine Luke und spähte hinaus. Nichts war voraus zu erkennen, alles wurde von dichtem Qualm verdeckt. Er wußte, daß es von seinem Standort bis zum Waldrand 400 m waren. Dort irgendwo im Sumpfwald mußte der Gegner stecken. Er, Horst Naumann, der 21jährige unverwüstliche Berliner, wartete. Er spürte die gleiche Spannung, wie beim ersten Angriff, als er am 22. Juni 1941 als Ladekanonier die erste Granate ins Rohr schob. Bis zu diesem 1. Januar 1943 hatte er 15 Feindpanzer vernichtet. Ob heute weitere Abschüsse hinzukamen? Oder war er heute an der Reihe?

Der Blick des Kommandanten wanderte weiter zu der kleinen Höhe rechts von seinem Standort, die 80 m entfernt lag. Dort würden die Feindpanzer am ehesten erscheinen. Auf einmal durchzuckte ihn ein Warnsignal. War dort nicht....?

Ja, das war der Turm eines Panzers, der sich über die Höhe emporschob. Dann kam auch schon der Rumpf heraus, und der Panzer rollte schnell näher.

„Rechts anziehen! Panzer kommen!" rief Naumann.

Der erste T 34 hatte die Höhe erklettert. Der Richt-Uffz. hatte ihn schon im Visier. Er kurbelte an der Richtmaschine. Der Schuß des Kurzrohrs krachte. Drüben ein harter Schlag.

„Treffer!" berichtete der Kommandant.

Dann arbeiteten Richt-Uffz. und Ladekanonier wie die Besessenen. Die Kanone spuckte Feuerstrahlen. Aus dem ersten T 34 wollte die Besatzung ausbooten. Die Luken flogen auf. Nur 5 m vor der am Hinterhang liegenden eigenen Infanterie stand dieser T 34. Handgranaten und MG-Feuer warfen die ausgebooteten Besatzungsmitglieder zu Boden.

Schon tauchte der zweite T 34 auf. Viermal knallten die Abschüsse des Kurzrohrs. Dann war dieser T 34 ebenfalls vernichtet. Doch gleichzeitig tauchten nun zwei 16-Tonnen-Panzer auf.

Granaten prasselten gegen das deutsche Geschütz. Jeweils zwei Schuß ließen auch die beiden kleineren Panzer aufbrennen.

Für wenige Minuten blieb es still. Das dauernde Zuschnellen des Verschlusses, der harte keuchende Atem, verstummte. Der Ladeschütze wischte sich über die schweißnasse Stirn und hielt dann die nächste Granate zum Einsetzen bereit. Die Flammenbündel der Feindkanonen waren erloschen. Aber das war bestimmt noch nicht alles. . . .

Vier Feindpanzer lagen brennend vor dem Geschütz. Dieses Werk der Vernichtung hatte sich in einer Minute abgespielt.

„Mensch, Horst, wir haben noch nie so schnell unsere Granaten rausgefetzt!", rief der Richt-Uffz.

„Wie ein MG", sekundierte der Fahrer.

„Wir rollen auf die Höhe vor!" entschied Naumann.

Der Fahrer gab Gas. Das Geschütz rumpelte nach vorn. Langsam hob sich das Geschütz und noch war es nicht vollständig auf der Höhe, als Unteroffizier Naumann durch die Schere 200 m voraus einen eben wieder anfahrenden T 34 bemerkte.

„Da steht noch einer! - - - Feuer!" befahl er.

Wieder begann das präzise, tödliche Spiel von Mensch und Maschine. Sechs Schüsse verließen das Geschütz kurz hintereinander. Der Panzer wurde mehrfach getroffen. Dann schlugen Flammen aus dem zurückschnellenden Luk empor. Seine Bereitschaftsmunition explodierte in immer neuen Feuerschlägen. Die ersten russischen Granaten heulten der Höhe entgegen.

„Gegner will sich mit Artillerie auf uns einschießen!"

„Zurück, Horst?"

Gerade als Naumann dem Fahrer diesen Befehl geben wollte, bemerkte er einen sechsten Feindpanzer, der in Richtung auf die abgeschossenen Panzer vorrollte.

„Da kommt noch einer! - - - Feuer!"

Schnelligkeit entschied über Sein oder Nichtsein. Das Sturmgeschütz war schneller und nun schwelte ein sechster Feindpanzer, tödlich getroffen, 40 m vom deutschen Sturmgeschütz entfernt.

Wieder ließ Naumann zur Höhe vorrollen. Als er eine Bewegung bei dem zuerst angeschossenen Panzer erkannte, blickte er durch die Schere hinüber.

„Dort winkt einer mit einem weißen Lappen", sagte er.

Dann hörte er die Zurufe der eigenen Infanterie, sah, wie der Russe ausstieg. Doch noch war er nicht ganz aus dem Luk heraus, als aus der russischen HKL ein Schuß knallte, der ihn niederstreckte.

„Wir müssen diesen Panzer noch einmal treffen!" rief Naumann.

Wieder krachten Abschüsse. Der T 34 wurde abermals getroffen und begann zu brennen.

Dies war der Jahresbeginn der Besatzung Naumann. Schon am 4.1.1943 erhielt Horst Naumann, eben 21 Jahre alt geworden, für diesen Einsatz das Ritterkreuz. In kompromißloser Härte hatte er mit seiner Geschütz-Bedienung diese Stunde der Bewährung bestanden.

Dreimal wurde die Sturmgeschütz-Abteilung 184 während des Einsatzes im Kampfraum Demjansk im Wehrmachtsbericht genannt. Dies war die äußere Anerkennung für die Kampfzeit in der Festung von Demjansk. Am 3.3.1943 wurde die Abteilung 184 nach verlustreichen Kämpfen aus der Festung herausgezogen. Demjansk wurde geräumt. Es erfolgte die Umbenennung der Abteilung in Sturmgeschütz-Brigade 184. Bis zum 30.3. lag die Brigade dann im Abschnitt Cholm in Ruhe, bevor sie zur Auffrischung nach Haanja bei Werro in Estland verlegt wurde.

Oberleutnant Tornau, zuletzt Chef der 3. Batterie, der zusammen mit Oberleutnant Buchwieser, welcher inzwischen Chef der 2. Batterie geworden war, das Deutsche Kreuz in Gold erhalten hatte, kam als Taktiklehrer an die Sturmgeschütz-Schule Burg. (Mit seiner alten Batterie konnte er ein halbes Jahr später bei der Sturmgeschütz-Brigade 322, zu deren Neuaufstellung im Spätherbst 1943 die 3./184 den Stamm bildete, ein Wiedersehen feiern).

In Estland verblieb die Brigade bis zum 25.6.1943. An diesem Tag fuhr sie wieder Richtung Ostfront und wurde dem II. Korps unterstellt. In Borodino bezog die Brigade Quartier. Hier ereignete sich ein tragischer Unglücksfall. Bei einem Lehrgang für Panzernahbekämpfung erklärte Unteroffizier Roßner gerade den Infanteristen das Langrohrgeschütz, als im Geschütz einem Oberleutnant der Infanterie das Laden erklärt wurde. Einer der Männer im Geschütz schlug aus Versehen auf die Notabfeuerung, der Schuß löste sich und zerriß Unteroffizier Roßner und neun Infanteristen.

DIE KORPSGRUPPE ZORN - AUSBRUCH AUS DEM KESSEL IM UNTERNEHMEN "FALLREEP"

Die Vorgeschichte

Generalleutnant Zorn, Kommandeur der 20. ID (mot.), mit der er in der ersten Phase des Ostfeldzuges am 27.7.1941 das Ritterkreuz erhalten hatte, wurde aufgrund einer Weisung des Oberkommandos des Heeres in den Kessel von Demjansk einge-flogen, um dort eine Korpsgruppe zu übernehmen, die den Auftrag erhielt, das Unternehmen „Fallreep" zu starten. Dabei ging es um einen Ausbruch aus dem Westteil des Kessels, genau auf die im Unternehmen Brückenschlag von Westen her in den Kessel hineinstoßenden Truppen unter Generalmajor von Seydlitz-Kurzbach. Dieser Stoß von Osten nach Westen konnte erst dann beginnen, wenn sich die Truppen von „Brückenschlag" tief genug in die russische Front gebohrt hatten und damit ein Zusammentreffen beider Teile sicher war.

Für „Fallreep" standen Generalleutnant Zorn folgende Truppen zur Verfügung:

SS-Totenkopf-Division:	SS-Obergruppenführer Eicke
Sturmregiment des II. Armeekorps:	Oberst Ilgen (später Oberst-leutnand von Borries) mit jeweils einem Bataillon der 12., 30. und 290. ID:
SS-Kradschützen-Bataillon 5	
5 Bataillone der 30. ID.	

Diese Gruppe war klein genug, sollte aber an entscheidender Stelle mit aller Macht vorstürmen und angreifen.

Generalleutnant Zorn überließ nichts dem Zufall. Seit dem 23. März befahl er die Vorbereitungen. Sein Plan bestand darin, daß er mit seiner Kampfgruppe vom westlichen Frontvorsprung, dem „Balkon" aus in Richtung Lowatj angreifen wollte.

Endgültiges Ziel waren die beiden Verkehrsknotenpunkte Ramuschewo und Kobylkino sowie die Besetzung und Sicherung der beiderseits des Flusses entlangführenden Straßen und deren Freihalten für die Gruppe Seydlitz, die bereits einige Tage vorher antreten sollte, um den Durchstoß bis dorthin auch zu packen.

Hauptstoßgruppe war die SS-Totenkopf-Division unter Obergruppen-führer Eicke.

Daß diese Bewegungen und Truppen-Zusammenziehungen nicht vom Feind unbemerkt erfolgen konnten, war einsichtig, deshalb wurden auch russische Unternehmungen zur Störung derselben erwartet.

Gerade in dieser Zeit wurde es wärmer, und die Temperaturen stiegen von 5 Grad bis 1 Grad unter Null an, was mit einer ersten Schneeschmelze verbunden war, die wiederum Wasser und Schlamm zurückließ.

Russische Artillerie-Feuerüberfälle auf die deutschen Bewegungen, Fliegerangriffe und ein schwerer Panzerangriff mit zehn T 34 gegen die Ortschaft Kalitkino erschwerten die Bewegungen erheblich und forderten auch Opfer.

Der Angriff der Gruppe Zorn

Am 14. April 1942, der Kampflärm der Gruppe Seydlitz drang bereits zu den in ihren Bereitstellungen wartenden Soldaten hinüber, begann der Angriff von innen. Dieser wurde vom Feind bereits erwartet. Mit einem gewaltigen Artilleriefeuer versuchte er, diesen Angriff im Keime zu ersticken.

Am Abend vorher war Oberst Max Ilgen, Kdr. des IR 96 und nunmehr Kdr. des Sturmregiments des II. AK, Ritterkreuzträger, Träger des Deutschen Kreuzes in Gold seit dem 14.2.1942, zu einer Erkundung des Durchbruchsraumes aufgebrochen. Dabei wurde er durch Feindfeuer schwer verwundet und fiel aus. Eine Stunde darauf war Oberstleutnant Hermann von Borries, Führer des IR 46, zur Stelle und wurde von den Stabsoffizieren in seine Aufgabe eingewiesen.

Inzwischen war durch Spähtrupps und Meldungen der vorgeschobenen Beobachter erkannt worden, daß die
Wegeverhältnisse sehr schwierig geworden waren. Sollten sie
dichter befahren werden, bestand Gefahr, daß sie sich in
Schlammsuhlen verwandelten, die jedes Weiterkommen vereiteln würden.

Die Flüsse führten das erste Hochwasser. Die Jawoj-Brücke südlich Pestki wurde als unpassierbar gemeldet, womit die
Verbindung von Peski nach Podgorje unterbrochen war. Das Eis
der Pola war ebenfalls schon stellenweise aufgebrochen und die
an der Rollbahn Demjansk-Losnizy liegenden beiden Brücken
über diesen Fluß waren durch Treibeis und nachfolgendes
Hochwasser weggespült worden.

Dies alles war zwar für die Gruppe Zorn von sekundärer
Bedeutung, solange es ihr gelang, den Durchbruch zu erzwingen.
Es ging zunächst nur schrittweise vorwärts, und erst als das SS-
Kradschützen-Bataillon 5 unter SS-Sturmbannführer Kleffner
antrat und im ersten Anlauf Sakarytino und am nächsten Tage
auch Njakowo zu erstürmen, war der Einbruch geschafft.

Franz Kleffner hatte bereits am 19. Februar das Ritterkreuz erhalten. Er war einer der Kämpfer, die nie aufgaben und der sich
gegen alle Flankenangriffe der Russen durchsetzte. Damit gab
sein Bataillon dem Sturmregiment des II. AK die Chance, sich
über und neben den Kradschützen hinweg und herum in die solcherart aufgerissene Frontlücke hineinzuschieben und in den
nächsten Tagen bis zum 17.4. in die Feindstellungen der Russen
am Ostufer der Lowatj einzudringen und in erbitterten und fana-
tisch geführten Nahkämpfen bis zum frühen Morgen alle russischen Feindstellungen zu durchstoßen, das Ostufer der Lowatj in
Besitz zu nehmen und gegen mehrere Flankenangriffe zu halten.

Auch die SS-Totenkopf-Division erreichte mit den
Spitzenverbänden den Fluß und erkämpfte am 20. April den
Besitz der Ortschaft Ramuschewo. Es war 18.30 Uhr an diesem
Tage, als die erste Sichtverbindung mit der Gruppe von Seydlitz
hergestellt wurde.

Von den SS-Pionier-Offizieren wurden noch am Abend einige
Flöße hergestellt, mit denen in der Nacht auch die Hochwasser

führende Lowatj bezwungen wurde und die Vereinigung beider Gruppen erfolgte, auch wenn dies vorerst nur symbolisch war und noch weitere schwere Angriffs- und Abwehrtage folgten.

Beide Kampfgruppen auf dem westlichen wie auf dem ostwärtigen Ufer der Lowatj erweiterten in den nächsten Tagen ihre Positionen und überwanden den Widerstand der noch kämpfenden Rotarmisten, die sich in ihren Stellungen eingekrallt hatten und verbissen kämpften.

Während der ersten Kämpfe stand auch das Bataillon Busch der 290. ID unter Hauptmann Albert Busch – das III./IR 502 – seinen Mann. Der Versuch, die Wasserläufe zu überwinden, die sich auf 50 und mehr Meter ausgeweitet hatten und zu reißenden Flüssen geworden waren, schlug fehl. Die Einnahme von Sakarytinos war nicht möglich. Nur wenigen Gruppen gelang es, diesen Fluß zu überwinden.

Sakarytino war von den Russen zum Zentrum ihres dortigen Stützpunktsystems ausgeweitet worden. Dennoch konnten diese Stützpunkte und Stellungen nacheinander überwunden werden. Als dieser Abschnitt fiel, war der gesamte Robja-Abschnitt in der Hand der Korpsgruppe Zorn.

Einige Stuka-Staffeln unterstützten den Angriff der Gruppe Zorn auch auf Omitschkino, das am 19.4. erreicht worden war und noch bei beginnender Dunkelheit erstürmt wurde. Aber auch hier war die „wildgewordene Lowatj" nicht zu überwinden.

Erst am 1. Mai 1942 war die Aufgabe der beiden Korpsgruppen erfüllt. Die Landbrücke von Westen – der „Schlauch" – war in einer Länge von 12 Kilometern, mit etwa vier Kilometern Breite beiderseits der Straße Ramuschewo-Wassiljeschtschina freigekämpft. Der Kessel von Demjansk, war kein Kessel mehr, auch wenn die nächsten Monate immer wieder die Gefahr brachten, daß der Schlauch eingedrückt wurde und der alte Zustand des Kessels wieder hergestellt war.

Vor diesen Versuchen der Russen hatte jedoch das II. Armeekorps seinen Riegel gesteckt, der aus nunmehr zehn Divisionen bestand.

Wie der endgültige Zusammenschluß beider Grupen zustande kam, sei anschließend dargelegt:

Es gelang den Pionieren und Nachrichteneinheiten der Gruppe Seydlitz , am 26.4.1942 eine Drahtverbindung über die Lowatj herzustellen, so daß nun beide Kommandierenden Generale ihre Absichten mitteilen und diese aufeinander genau abstimmen konnten.

Das Sturmregiment Borries stieß mit seinen beiden Spitzen unter Hauptmann Panzer mit Teilen der 32. ID und Hauptmann Laue mit einem Bataillon der 12. ID über Alexandrowka nach Norden vor, nahmen in der Nacht des 29.4. nach schweren Gefechten Prissmorshje in Besitz. Ihnen gegenüber auf dem anderen Ufer der Lowatj standen Teile der 5. Jäger-Division. Hier wurde die nördlichste Stelle des Schlauches besetzt und gesichert.

Am 1. Mai 1942 konnte Generalleutnant von Seydlitz-Kurzbach um 13.35 Uhr das erste Telefongespräch mit dem Stab des II. AK führen.

Noch am Nachmittag dieses Tages setzte Generalleutnant Zorn über die Lowatj und wurde dann nach Ramuschewo gefahren, wo er seinem Kameraden von Seydlitz-Kurzbach dankbar die Hand schüttelte.

Die bereits Ende April vom Stab des II. AK herausgegebene Abschlußmeldung über diese Kämpfe „zur Wiedergewinnung und Wiedervereinigung der im Kessel stehenden Divisionen und der übrigen deutschen Front", hatte folgenden Wortlaut:

„Der unerschütterliche Kampfeswille und der Wille zur Verteidigung der Festung Demjansk, der das II. Armeekorps mit seinen aus Pommern, Mecklenburgern, Brandenburgern, Westpreußen, Hanseaten, Schleswig-Holsteinern und Oldenburgern bestehenden Divisionen beseelte, ist ein Symbol für die kämpferische Grundhaltung der Soldaten der deutschen Ostfront.

Die Truppe schlug seit dem 8.1.1941 1.155 Feindangriffe und 776 Feindvorstöße ab. In 455 eigenen Stoßtrupp-Unternehmungen, 215 Gegenstößen und 163 Gegenangriffen wurde der Feind gestellt und zerschlagen.

Die feindlichenVerluste betrugen:

30.468 gezählte Tote, über 60.000 geschätzte Tote. 3.064 Gefangene

An Material verlor der Feind:

81 abgeschossene Flugzeuge, davon 46 durch Infanteriewaffen, 74 Panzer, 52 Gschütze, 81 Pak, 1.125 Maschinengewehre, 187 Granatwerfer, 12 Flammen- und Phosphorwerfer und unter unge-zähltem anderen Gerät auch 3.069 Paar Skier.

Die eigenen Verluste betrugen:

5.101 Gefallene, 2.000 Vermißte, 15.323 Verwundete, 5.866 Erfrierungen, 12.922 Kranke.

Gesamtverluste: 41.212 Mann"

General der Infanterie
Walter Graf von Brockdorff-Ahlefeldt

Der Befehlshaber in der „Grafschaft Demjansk", General von Brockdorff-Ahlefeldt, sollte die Räumung von Demjansk nicht mehr erleben. Der seit langer Zeit bereits schwer an Rheuma erkrankt und ständig unter Schmerzen leidende Offizier alter preußischer Schule, der unbedingt dieses Ereignis miterleben wollte, mußte am 29. November 1942 kapitulieren. Nicht vor der Roten Armee, sondern vor seiner schmerzenden Krankheit und den Befehl im Kessel an seinen Nachfolger General der Infanterie Laux übergeben, was am 28.11.1942 geschah.

Er erschien ihm als ein würdiger Nachfolger, zumal Laux den Kampf um die Festung Demjansk an vorderster Front während des Freischlagens von außen führend erlebt hatte, als auch von seiner Überzeugung her.

Walter Graf von Brockdorff-Ahlefeldt war Sohn eines aktiven Offiziers. Am 13. Juli 1887 in Perleberg / Mark Brandenburg geboren, trat er nach Ablegung des Abiturs als Fahnenjunker in das Brandenburgische Jäger-Bataillon Nr. 3, Lübben im Spreewald, ein. Er erhielt im Herbst 1914 seine Kommandierung zur Kriegsakademie, um jedoch mit Kriegsausbruch als Adjutant seines Bataillons ins Feld zu ziehen. Als Kompanieführer wurde er verwundet. 1917 zum Hauptmann befördert, befand er sich bei Kriegsende in der Generalstabsausbildung, um nach Ende des ersten Weltkrieges als Generalstabsoffizier im Freikorps „Möwe" unter dem Grafen Dohna zu dienen.

In die Reichswehr übernommen, stand er zunächst in seiner alten Garnison Lübben im Einsatz, wurde Generalstabsoffizier in Stettin und Schwerin und führte in Potsdam das I./IR 9. Von dort gelangte er als Kommandeur des IR 8 nach Frankfurt/Oder. Seit dem 1.10.1931 war er Oberstleutnant.

Als Kommandeur der 23. ID und seit dem 1.4.1937 Generalmajor wurde er am 1.3.1939 Generalleutnant und Kommandierender General des XXVIII. AK, das er bis zum 20.6.1940 führte.

Am 21.6.1940 übernahm er das Kommando über das II. AK mit dem er im Ostfeldzug am 15.7.1941 für die Eroberung von Kowno das Ritterkreuz errang. Seit dem 1.8.1940 war er General der Infanterie.

Mit seinem II. AK im Eiswinter 1941/42 südlich des Ilmensees kämpfend, erhielt er vom Oberkommando des Heeres Weisung, Demjansk „bis zum Letzten zu verteidigen."

Er führte in dem sich bildenden Kessel den Befehl über sechs Divisionen, führte am Nachmittag des 9. Februar 1942 mit dem Oberbefehlshaber der 16. Armee, Generaloberst Busch, sein letztes Ferngespräch, da am Abend vorher bereits die Rote Armee den Kessel von Demjansk geschlossen hatte, ohne sofort die Telefonverbindung mit der Armee zu finden.

Die Verteidigung des Kessels von Demjansk, vom FHQ nur „Festung Demjansk" genannt, wurde von ihm souverän geführt, so daß sich sehr bald für diesen Kessel die Bezeichnung „Grafschaft" einbürgerte. Er war es, auf dessen besonderen Wunsch hin Generalleutnant Zorn in den Kessel eingeflogen wurde, dem später die Führung jener Korpsgruppe übertragen wurde, die den Kessel von innen her aufsprengen sollte, sobald die von außen angesetzte Korpsgruppe von Seydlitz auf Einbruchsentfernung herangekommen war.

Als am 10. Mai 1942 die ersten Versorgungskolonnen auf dem Landweg durch den Schlauch nach Demjansk durchkamen, war die Erleichterung groß, fanden die nunmehr auf 10 Divisionen anwachsenden Verteidiger den nötigen Rückhalt, um auch die folgenden Sommer- und Winterkämpfe, bis zur endgültigen Absetzbewegung unerschütterlich durchzustehen.

Die in der Kriegsgeschichte bis dahin nicht erlebte Tatsache, daß ein völlig eingeschlossener Großverband einen solchen Kampf in einem hermetisch abgeschlossenen Kessel gegen nicht weniger als bis zu fünf Feindarmeen (!) meisterte, fand hier ihre Erfüllung und rettete wahrscheinlich die Heeresgruppe Nord und möglicherweise auch die Heeresgruppe Mitte vor der Vernichtung.

Gegen alle Regeln der Kriegskunst wurden heir aus verschiedenen Divisionen herausgezogene Bataillone zu neuen Kampfverbänden zusammengestellt und kämpften, als seien sie nie anders formiert gewesen.

Am 23. Juni 1942 erhielt Walter von Brockdorff-Ahlefeldt als 103. deutscher Soldat das Eichenlaub zum Ritterkreuz.

Er war es, dessen Auftauchen selbst bei eingeschlossenen Verbänden per Fieseler Storch den Verteidigungswillen wachhielt und durch sein Vorbild immer wieder die Truppe zu neuen Leistungen beflügelte.

Nach seiner Rückkehr in die Heimat und der Behandlung durch seine Ärzte wurde er in die Führerreserve versetzt. Er hoffte, „dem Sensenmann noch ein Schnippchen schlagen zu können." Doch diese Hoffnung trog.

Am 9. Mai 1943 – die Nachricht von dem gelungenen Rückzug aus dem Kessel hatte ihn noch erreicht und bei ihm große Erleichterung ausgelöst, verstarb er in Potsdam.

Er wurde in einem Staatsbegräbnis geehrt und Generalfeldmarschall Busch, sein Kampfgefährte und Freund sagte am Katafalk des Toten:

„Seine persönliche Tapferkeit war über jeden Tadel erhaben. Sie ließ ihn stets an gefährlichster Stelle seinen Soldaten immer wieder ein leuchtendes Vorbild sein. Immer aufs Neue kennzeichneten Kühnheit, Schnelligkeit im Handeln, Sicherheit im Entschluß und wahre Liebe zu seinen Soldaten diesen heldenmütigen Offizier."

Im Erbbegräbnis seiner Familie zu Ascheberg in Holstein wurde der General zur letzten Ruhe gebettet.

LANGE MONATE BIS ZUM RÜCKZUG

Stellungskrieg und Abwehr von Feindangriffen

Auch nach Freikämpfen des Schlauches mußte die Versorgung aus der Luft fortgesetzt werden. Eine einzige Nachschubstraße genügte nicht zur Versorgung eines Korps und weiterer Truppen, die durch den Schlauch in die „Festung" gelangt waren.

Der Kommandierende General richtete an alle Einheiten, die von ihren Divisionen fort und zu anderen Truppen verlegt worden waren, seine besonderen Anerkennungsschreiben. Vor allem jener Zug der Panzerjäger-Abteilung 32, der zur engen Flugplatzverteidigung eingesetzt war, erhielt großes Lob, als er drei feindliche Überraschungsstöße mit Panzern abwies und sieben Feindpanzer abschoß.

Danach kam es zu beiderseitigen Späh- und Stoßtrupps. Aber die Hoffnung, daß alle Divisionen nunmehr ihre „ausgeliehenen" Einheiten zurückerhielten, trog. Hier ein Überblick aus dem Bereich der 32. ID, die bereits am 4. Mai wieder neue Einheiten abzugeben hatte. So das Bataillon unter Rittmeister Müller, das neu aufgestellt und sofort zur 12. ID in Marsch gesetzt wurde. Es hatte eine Stärke von 254 Mann.

Als ostwärts des Welje-Sees feindliche Aufmärsche erkannt wurden, die sich auf zwei Straßen nach Westen bewegten, wurde von der Division vorsorglich eine rückwärtige Stellung erkundet. Diese sollte im Falle eines Ausweichens von Medjanki bis nach Borowitschi verlaufen. Um die Division beweglicher zu machen, wurden ihr durch Korpsbefehl 4.000 Pferde zugeführt.

Am 20. Mai griffen die Russen in Stärke von zwei Bataillonen mit starker Artillerie und Panzerunterstützung ab 02.45 Uhr an. Im Abschnitt des 4./IR 94 unter Hptm. Eggemann an der Südfront wurde gehalten. Wilhelm Eggemann, bei der Verteidigung der Kesselfront bereits am 19.1.1942 mit dem Deutschen Kreuz in Gold ausgezeichnet, hielt den dreimaligen Angriffen stand.

Dieser Angriff war nur Teil eines gesamten Angriffs vor der

Front und stieß auch gegen die 12. ID vor, um ebenso im Raume des Korpskommandos Eicke, bei der 30. ID und der SS-Division Totenkopf unter SS-Oberführer Simon den Durchbruch zu erzwingen.

Am 21.5. wurde dieser russische Großangriff beiderseits Watolino fortgesetzt. Panzer mit aufgesessenen Schützen stießen bis dicht vor die deutschen Stellungen vor. Von der eigenen Artillerie unterstützt, hielten die deutschen Verteidiger allen Angriffen stand. Drei feindliche Panzer wurden vor den Stellungen der 32. ID abgeschossen.

Gefangenenaussagen und erbeutete Befehle bewiesen, daß hier die 250. Schützen-Division der Roten Armee angegriffen hatte, die mir ihren Schützenregimentern 916 und 920 voraus den Durchbruch anstrebte. Ziel dieses Angriffes war die Eroberung von Shabje und von dort aus Angriffe gegen Moschenka, Shabje, Polnowo-Seliger-See. Damit wollten die Angreifer eine Landverbindung von den vor der Ostfront zu den vor der Südfront der 32. ID liegenden Feindteile herstellen und dann diese deutsche Division vernichten.

Als der Angriff erlahmte, stellte Hauptmann Ehlert aus seinem Bataillon einen kompaniestarken Stoßtrupp zusammen. Dieser stieß in der Nacht durch die russischen Stellungen und drang 3,5 Kilometer tief in die Frontstellungen der Roten Armee westlich Beresnik ein. In einem dramatischen Handstreich überwanden sie 60 Russen, sprengten sechs große Bunker, vernichteten vier Feldküchen und brachten einen Gefangenen mit.

Der Gegner war total verblüfft, denn er wähnte, daß die gegenüber liegenden deutschen Einheiten am Rande des Zusammenbruchs stünden, wie der Gefangene aussagte.

Der nächste Angriff der Russen auf Watolino wurde von neun Panzern unterstützt, von denen zwei durch Panzerjäger abgeschossen wurden. Die eigenen Verluste waren hoch. Sie betrugen seit dem 20.5. 34 Gefallene und 91 Verwundete. Besonders schwer war die Kompanie von Oblt. Ulv Petersen getroffen worden. Sie erlitt bereits am ersten Angriffstag – im Zentrum des russischen Feuers liegend – 11 Verluste an Toten und 14 Verwundete.

Am 23.5. stellte der Feind den Angriff ein und bis Ende Mai herrschte – von Spähtrupps beider Seiten abgesehen – Ruhe.

Am 2. Juni wurde Oberst Wilhelm Wegener unter gleichzeitiger Beförderung zum Generalmajor zum Divisionskommandeur ernannt. Als Kdr. des IR 94 hatte er am 27.10.1941 das Ritterkreuz erhalten und wurde am 19.1.1942 mit dem 66. Eichenlaub ausgezeichnet. Er war im Nordabschnitt der Ostfront bereits als „großer Steher" bekannt. Die 97. Schwerter zum RK mit EL am 17.9.1944 bestätigten sein überragenden kämpferischen- wie Führungsleistungen.

Im Juni kam es bei der 32. ID zu mehreren Stoßtrupp-Unternehmungen. Ein feindlicher Stoßtrupp, der ausgerechnet in den Abschnitt Ehlert eindrang, wurde geworfen. Vor dem Abschnitt unter Hptm. Wilhelm Piepkorn drang ein eigener Spähtrupp etwa 1.500 Meter weit nach Osten und Südosten vor, ohne einen einzigen Feind zu Gesicht zu bekommen. Hptm. Piepkorn führte die 2./IR 94. Am 23.6.1942 erhielt er das Deutsche Kreuz in Gold.

Ein weiterer Feindvorstoß in einem starken Stoßtrupp-Unternehmen gegen die Bunker des Abschnittes Aue wurde abgewiesen. Der Feind verlor 34 Gefallene und vier MG.

Auch der Monat Juli gestaltete sich in dieser Weise des Kleinkampfes. In den „ruhigen Zeiten" wurde insbesondere die Panzer-Nahbekämpfung geübt. Dies sollte vor feindlichen Panzerangriffen schützen, sobald diese in die eigene HKL eingebrochen waren.

Eigene Artillerie bekämpfte – mehrfach mit Hilfe eines Artillariefliegers – Feindansammlungen.

Als Mitte Juli die Feindtätigkeit zunahm, und vor allem die Feindpropaganda wieder reger wurde und Lautsprecherwagen die deutschen Soldaten zum Überlaufen aufforderten, begann eine Zeit dauernder Feuerüberfälle und Angriffe der Russen, die hier mit dem zusammengefaßten Feuer der Artillerie aller Kaliber, schwerer Flak und Pak sowie Granatwerfern auf schmalem Raum Vernichtungsschneisen in die deutsche HKL schießen wollten. Allerdings zeigte es sich auch, daß nach einem solchen zusammengefaßten Feuer der Feind mit kampfstarken

Stoßtrupps an diesen Stellen angriff.

In der Nacht zum 16.7. begann das bisher stärkste Feuer des Gegners, das beiderseits der Straßen Waltolino-Ostrechnowo niederging. Binnen einer Viertelstunde schoß die russische Artillerie genau 500 Schuß allein auf den Abschnitt eines deutschen Zuges. Als das Feuer verlegte, brach der Feind hier in die deutschen Stellungen ein.

Der sofortige Gegenstoß der Reserve riegelte diesen Einbruch ab und warf den Feind wieder hinaus. Die Russen ließen auf diesem schmalen Streifen etwa 100 Tote zurück.

Der 19. Juli sah mehrere Angriffe in Bataillonsstärke bei Ostrechnowo und Medjanki. Ein dritter Vorstoß zielte auf Polnowo. Alle wurden verlustreich für den Gegner abgewiesen.

Am 22.7. mußte Generalmajor Wegener vorübergehend die Führung der 8. Jäger-Division übernehmen, die im Westteil des Kessels in schweren Abwehrkämpfen stand und ihren Divisionskommandeur verlor. Der Kdr. des IR 4, Oberst von Boltenstern, übernahm später die Divisionsführung. Er trug seit dem 13.9.1941 das Ritterkreuz.

Einen der schweren Angriffe führten Truppen zweier Schützen-Divisionen aus, die von 11 Panzern angeführt wurden, welche ihnen den Weg freischießen sollten. Dieser Angriff, der am 8. August begann, wurde auch von einigen Batterien Stalinorgeln unterstützt. Diese forderten schwere Verluste. Dennoch hielten sich die abgeschnittenen und teilweise eingekreisten Stellungsteile noch stundenlang, bis die Munition verbraucht war.

Dadurch konnte der vom Feind erzielte tiefe Einbruch abgeriegelt und in weiteren Stunden des erbitterten Nahkampfes ausgeräumt werden.

Oberst Boltenstern ließ vier einsatzbereite Kompanien nach vorn führen, die den Gegenangriff um 18.00 Uhr begannen, der zunächst zügig vorwärtsschritt, aber dann im erneut aufflammenden Trommelfeuer liegen blieb.

Die nächsten Feindangriffe des 11. und 12.8. wurden abgewiesen und der in Bataillonsstärke am 14.8. bei Issakowo angesetzte neuerliche Angriff, der wiederum zu einem Einbruch führte, wurde gestoppt und im Gegenstoß bereinigt.

In den nächsten Tagen blieb bis auf die ununterbrochen von beiden Seiten gelaufenen Späh- und Stoßtrupps alles ruhig. Erst in den frühen Morgenstunden des 31. August legte die Rote Artillerie einen dichten Feuervorhang auf den Raum Andrechnowo-Wassiljewschtschina und griff in Regimentsstärke an. Diese Angriffstruppen wurden durch unterstellte MG- und Werfer-Kompanien unterstützt. Panzer rollten von rückwärts durch eine freigeschossene Gasse gegen die deutschen Stellungen an. Als der Stoßkeil gegen Wassiljewschtschina einen Einbruch erzielte und die Feindpanzer weiter durchstoßen wollten, trafen sie auf die Abwehrfront der schweren Pak der Panzerjäger-Abteilung 32, die vier Panzer abschoß.

Im sofortigen Gegenstoß traten die Reserve-Kp. Hennecke mit der Reserve-Kp. Petersen zum Gegenstoß an. Trotz des schweren Feindfeuers gelang ihnen ein erster Vorstoß, der dann doch gegenüber einem vielfach stärkeren Feind zum Erliegen kam. Daß die Einbruchstelle in einer Breite von 300 Metern und einer ebensolchen Tiefe abgeriegelt werden konnte war aber schon ein beachtliches Ergebnis. Am 31.8. wurde eine weitere Kp. unter Hptm. Neumann vom IR 94 zugeführt. Aber den letzten entscheidenden Impuls gaben die Sturmgeschütze der 1./StGesch.-Abt. 184 mit vier Wagen, denen dichtauf drei Flammenwerfer-Trupps des PiBatl. 2 folgten, welche die mit unerhörter Standfestigkeit von den Russen verteidigten Widerstandsnester frei brannten.

Im Nahkampf aller drei Batterien wurden die Russen aus den eroberten deutschen Gräben geworfen. Die eigenen Verluste betrugen bei diesen Aktionen 94 Gefallene, darunter acht Offiziere und 241 Verwundete, unter ihnen 12 Offiziere.

Herbsteinsatz und Winterkämpfe

Im September und Oktober 1942 erstarrte die Front vor der 32. ID. Der Feind hatte nicht mehr die Kraft, einen größeren Angriff zu führen, zumal die russischen Reservekräfte mehr und mehr von der Heeresgruppe Mitte und Süd verschlugen wurden. Dennoch war die Stoßtrupp-Tätigkeit beider Seiten stark. Als ein russischer Stoßtrupp mit umfangreichem Sprenggeräte, versuchte, die Front der Division unbemerkt zu passieren, um im Hinterland seine Aufträge auszuführen, wurde er in der Nacht zum 11. Oktober von einem eigenen Spähtrupp gestellt und vernichtet. 50 Kilogramm Sprengstoff, 60 Meter Zündschnur, 30 Sprengkapseln und Verpflegung für mehrere Tage führten die acht russischen Pioniere mit sich.

Als am 10. Oktober die ersten schweren Regenfälle einsetzten, begann die zweite Schlammperiode, die die Division in diesem Raum erleben sollte.

In dieser Zeit begann deren Neugliederung:

Das IR 551 übernahm den Abschnitt von Boltenstern und jenen von Schulze.

Das IR 4, das mit Teilen zur 329. ID in Marsch gesetzt wurde, fiel für den eigenen Abschnitt aus.

Am selben Tag forderte das II. AK das Sturmbataillon 32 zur Verfügung des Korps in den Raum Karpowo-Podbereschje an. Es wurde von Hptm. Büttner geführt.

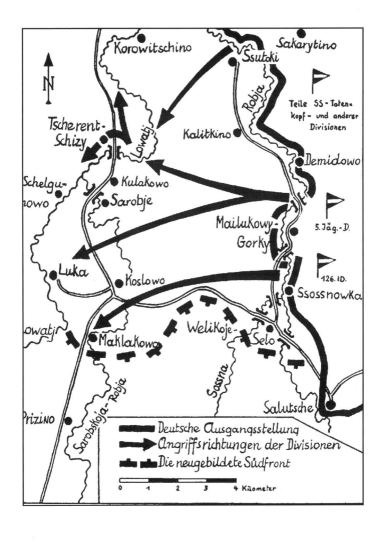

Das Unternehmen "Michael"

Das Unternehmen „Krebsfang"

Am 24. Oktober lief das Unternehmen „Krebsfang" an. Darin sollte die Rote Armee durch Funktäuschung dazu gebracht werden, einen deutschen Angriff anzunehmen. Um diese Absicht zu untermauern, wurden verstärkt Späh- und Stoßtrupps angesetzt. Dabei konnte ein kampfstarker Stoßtrupp der 3./GR 96 (alle Infanterie-Regimenter wurden in dieser Zeit in Grenadier-Regimenter umbenannt, ohne daß sich irgend etwas bei ihnen veränderte) südostwärts Shabje in die russischen Stellungen einbrechen, rollte einen Grabenabschnitt auf und zog sich wieder zurück.

Ein weiterer Stoßtrupp der 9./Lw-Feld-Regiment 3 konnte einen ähnlichen Überraschungsschlag gegen die feindlichen Stellungen nordwestlich des Polnowo-Sees landen. Er vernichtete Kampfstände und Wohnbunker, erbeutete einige Waffen und zog sich wieder zurück. Der dritte Stoßtrupp, aus der 10. und 11./GR 96 zusammengestellt, durchstieß unbemerkt einen Waldzipfel nordostwärts Kusnetschkowo, drang dort tief in die Feindstellungen ein und vernichtete einige Bunker und eine Werferstellung.

Dadurch auf das Höchste alarmiert, griff die Rote Armee am 29. Oktober ostwärts von Gorodilowo an. Der Angriff wurde abgeschmiert. (Siehe zu diesen detaillierten Daten und Fakten: Schröder, Jürgen und Joachim Schultz-Naumann, Die Geschichte der pommerschen 32. Infanterie-Division, die einen umfassenden Überblick bietet.)

Am 1. November 1942 wurde der Nachschub für die Festung Demjansk aus der Luft eingestellt. Alle Transportverbände wurden für den Süden der Ostfront und kurz darauf zur Versorgung der eingeschlossenen 6. Armee in Stalingrad benötigt. Nunmehr war die Versorgung lediglich noch auf dem Landwege durch den „Schlauch" möglich. Damit waren die ersten folgenden Tage infolge der Schwierigkeiten des Transportes über Land mit Engpässen verbunden. So erhielt beispielsweise die 32. ID am 2.11.1942 12 Tonnen Nachschubgüter. Ihr Tagesbedarf aber lag bei 40 Tonnen (ohne Munition, Feldpost und

Sonderzuteilungen).

Das Täuschungsunternehmen „Krebsfang" wurde durch Korpsbefehl bis zum 10. November verlängert.

Eingangs November kam es wieder zu Frosteinbrüchen. Dieses Winterwetter hielt, an und bis zum 8.11. waren die stehenden Gewässer wieder zugefroren. Ab Mitte November waren auch die fließenden Gewässer bereits mit Randeis bedeckt.

Als in diesen Tagen das GR 4 zur Division zurückkehrte, atmete die Divisionsführung auf. Aber dieser Zustand sollte bereits ab dem 26.11. durch erneute Abgaben an die 122. ID und zur 81. ID wieder relativiert werden.

Für alle Divisionen in der Festung befahl das AOK 16 im Dezember weitere Stoßtrupp-Unternehmungen, um möglichst von allen Fronten Gefangene zu nehmen und durch deren Aussagen die Absichten der Roten Armee zu erfahren.

In wechselvollen Vorstößen und Gefechten verging der Dezember, und im Januar stoppten schwere Schneefälle weitere Aktionen.

Am 24. Januar 1943 forderte das Korps alle Divisionen auf, die Verbände zu ordnen, sich nach der Tiefe zu gliedern, ihre Stellungen zu verbessern und auszubauen und die Panzerabwehr ebenfalls umzugliedern. Die ersten Gerüchte tauchten auf, daß die Festung Demjansk geräumt werden sollte.

Die 32. Division machte sich für den Abmarsch nach Westen fertig.

DIE 126. INFANTERIE – DIVISION
IN DER LANDBRÜCKE

Erste Übersicht

Nach Ende der Kämpfe im Wolchowkessel, an denen die 126. ID hervorragenden Anteil hatte, wurde dieser Verband Anfang Juli 1942 als Heeresgruppenreserve in den Raum westlich Staraja Russa verlegt und schied damit auch aus dem Verband des XXXVIII. AK und der 18. Armee aus.

Sie trat erneut unter das Kommando der 16. Armee. Allerdings sollte sie zunächst in ihrem neuen Raum aufgefrischt und neu ausgerüstet werden. Nachersatz war angefordert und zugesichert worden. Die Division stellte sich nach einer Umgruppierung in den Führungsspitzen wie folgt dar:

Divisionskommandeur:	Generalleutnant Paul Laux
Infanterie-Regiment 422:	Oberstleutnant Jonas, Graf zu Eulenburg
Infanterie-Regiment 424:	Oberst Harry Hoppe
Infanterie-Regiment 426:	Oberstleutnant Dr. Henning Daubert
Artillerie-Regiment 126:	Oberst Gerhard Wrisberg

Neuer Ia der Division wurde Oberstleutnant i. G. Reinhard Merkel, der Oberst i. G. von Schaewen ablöste, der zwei volle Jahre diese Dienststelle geführt hatte.

Am 17.7.1942 besuchte Generalfeldmarschall von Küchler die Division und sagte, daß ein Einsatz für sie vorerst nicht erfolgen werde, um ihr Zeit zur vollen Auffrischung zu geben.

Zwei Tage darauf, es war der 19.7.1942, wurde die Division alarmiert und erhielt Befehl, sofort in die Festung Demjansk zu verlegen und sich dort zur Verfügung der Gruppe von Knobelsdorff zu halten.

Das Korps von Knobelsdorff hatte an der Nordflanke des Schlauches zur Festung die immerwährenden Angriffe der Roten Armee, den Schlauch abzuschneiden, abgewiesen.

Hier sollte die 126. ID im Rahmen einer größeren

Angriffsoperation zum Einsatz kommen.

Die im Eiltransport dorthin geworfenen Regimenter trafen ab dem 21.7. in Ramuschewo ein. Erstes Regiment war das IR 424, das zur Sicherung der Brückenstelle und zum Schutz der Marschbewegungen der eigenen Division eingesetzt wurde. Bis zum 27.7. war die Division mit allen Kampfteilen westlich von Losnizy versammelt. Die Erkundungen zu diesem Angriff, der mit dem Codewort „Schlingpflanze" verschlüsselt war, sollte die eigene Front nach Westen schieben und den Schlauch beträchtlich erweitern.

Es galt, die Robja zu überschreiten, einen Brückenkopf zu bilden und von dort aus weiter nach Westen anzugreifen und die Lowatj zu erreichen.

Generalleutnant Otto von Knobelsdorff wurden dazu die 122., 126. ID und die 5. Jäger-Division unterstellt. Hinzu kamen Kampfgruppen aus den meisten Divisionen des Kessels.

Am 21. September, über einen Monat später, waren alle Vorbereitungen getroffen, als am 24. August ein Gegenbefehl erging, der dem Angriff des 26.8. den Garaus machte. Nunmehr sollte die Mitwirkung der Luftwaffe abgewartet werden, um den größtmöglichen Effekt zu erzielen.

Der Vorschlag der 126. ID, den Angriff auch ohne Luftwaffenunterstüt-zung zu führen, wurde abgelehnt. Dies leitete eine weitere Verzögerung von knapp einem weiteren Monat ein.

Am 16. September übernahm die 126. ID den gesamten Robja-Abschnitt. Es schien so, als sollte dieser Angriff eine Utopie bleiben. Doch dem war nicht so.

Am 26. September waren die Sturzkampfflugzeuge startbereit. Die aus dem Raume Staraja Russa anmarschierende 5. Jäger-Division erreichte noch in der Nacht zum 27.9. die Stellungen der 126. ID und löste diese ab, damit sie am Angriff teilnehmen konnte.

Das Unternehmen „Michael"

Am Morgen des 27.9.1942 um 09.00 Uhr wurde der Angriff durch den Einsatz der deutschen Stukagruppe eingeleitet, die in zwei Wellen anflog. Entlang dem Westufer der Robja hämmerten die schweren Bomben der Stukas in die russischen Hauptstellungen bei Mailukowy-Gorky und Ssossnowka ebenso wie in Ssutoki hinein. Himmelhohe Rauch- und Flammensäulen stoben empor und dann stürmten die Angriffsdivisionen von Norden nach Süden mit den Teilen der SS-Totenkopf-Division bei Sakarytino gegen die Stellungen der Russen bei Ssutoki, der 5. Jäger-Division von Mailukowy-Gorky (hart ostwärts der Robja) auf die Russenstellungen dort und die 126. ID aus den Bereitstellungen bei Ssossnowka gegen den Feind bei Welikoje-Selo an.

Auf Schlauchbooten jagten die Pioniere über den Fluß und setzten die ersten Sturmgruppen am Westufer ab.

Im Feuer der russischen Maxim-MG arbeiteten sich die Grenadiere und Pioniere voran, erstürmten die ersten Graben- und Bunkerstellungen am Flußufer, drangen in die Feindgräben ein und rollten sie auf. Flammenwerfer fauchten ihre todbringenden Feuerschlangen in die Bunker, die sich hielten. Handgranaten krachten auseinander. Sprengbüchsen und Geballte Ladungen bereiteten den russischen Bunkern ein jähes Ende.

Es gelang der 5. Jäger-Division im ersten Ansprung einen tiefen Einbruch zu erzielen und diesen bis zum Mittag des Angrifftages auf drei Kilometer Tiefe auszudehnen. Das Jäger-Rgt. 75 und die ihm vorausrollende AA 5 erreichten die Straße nach Korowtschino, überschritten sie und sicherten weiter vorn.

Links daran anschließend, aus der Bereitstellung ostwärts Welikoje Selo antretend, stürmte das IR 422 unter Major Rudolf Wulf, der den erkrankten Grafen Eulenberg vertrat. Links davon arbeitete sich das IR 426 vor. Jedem Regiment wurde eine Kompanie des PiBatl. 126 unterstellt, während das IR 422 durch die 1./StGeschAbt. 184 verstärkt wurde.

Als entschiedene Reserve verfügte General von Knobelsdorff

über das PR 203.

Alle Befürchtungen, die General Laux am Vortage dem OB der 16. Armee, Generaloberst Busch auf seinem Gefechtsstand vortrug, sollten von den folgenden Ereignissen noch übertroffen werden.

Die Planungen sahen vor, daß jener Gruppe, der der tiefste Einbruch in die Feindlinien gelang, weiter Unterstützung, vor allem das PR 203, zugeführt werden sollten.

Als sich dieser Einbruch bei der 5. Jäger-Division realisierte, wurden die Panzer des PR 203 dahinter vorgeführt und gelangten zum Einsatz. Das heißt, daß das PR 203 nach rechts eingedreht wurde und so dem Verband der 126. ID entzogen war. Darüber hinaus wurde auch noch das GR 424 der 5. Jäger-Division unterstellt, um den vollen Durchbruch bei der 5. Jäger-Division zu erreichen.

Dies alles raubte der am linken Flügel angesetzten 126. ID die zum Erfolg notwendigen Kräfte. Sie mußte ihren Angriff bald einstellen und zur Verteidigung übergehen. Hier ihr Report:

„Als sich im Bereich der 126. ID der Frühnebel lichtete, sahen die in den Bereitstellungen liegenden Männer die beiden Gruppen Ju 87 anfliegen und ihre Bomben auf Welikoje-Selo werfen. Auch der Ssosna-Grund erbebte unter den Detonationen der Stukabomben. Danach eröffnete das AR 126 vor dem eigenen Abschnitt das Feuer. Wider Erwarten gelang es den beiden Regimentern 422 und 426 die Robja auf Schlauchbooten zu überwinden, ohne nennenswerte Gegenwehr zu finden. Aber in Welikoje-Selo und an der Ssosna versteifte sich der Feindwiderstand enorm. Hier, in der Tiefe des Gefechtsfeldes, hatte die Rote Armee Widerstandsnester hinter und nebeneinander eingerichtet, mit sich überschneidenden Schuß-Schneisen und Verbindungsgräben. Bunker und Minensperren verwehrten den beiden Regimentern den Durchbruch und auch die natürlichen Gegebenheiten trugen zur guten Verteidigungs-möglichkeit dieses Raumes bei.

Der Feind hatte hohe Ausfälle erlitten, doch er verteidigte sich zäh und verbissen. Er mußte, laut Divisions-Tagebuch „einzeln in den Löchern getötet werden; selbst Schwerverwundete schossen bis zum letzten Atemzug."

Alles blieb liegen, und da das PR 203 nicht verfügbar war, konnte nur die 1. Batterie der StGeschAbt. 184 zur Hilfe herangeführt werden. Diese überschritt gegen 13.00 Uhr die Robja und griff beim IR 422 in den Kampf ein, um den vor ihr sich versteifenden Widerstand an der Ssosna zu brechen.

Auch das PR 203 hing am Ostufer der Ssosna fest, bis endlich gegen 16.00 Uhr die Ssosna beiderseits der Straße Welikoje Selo-Koslowo erreicht, und dort eine Steinbrücke den Angreifern unversehrt in die Hände gefallen war.

Diese erst gestattete einen Übergang der Panzer über den Fluß. Der Divisionskommandeur, der vorn bei der Truppe war, um Gefahren rechtzeitig abzuwehren und die nötigen Befehle so schnell wie möglich zu geben, war nicht zu erreichen. Demzufolge erbat der Ia Oberstleutnant Merkel um 16.10 Uhr und zehn Minuten darauf, nachdem weitere günstige Meldungen eingelaufen waren, von General von Knobelsdorff den Einsatz des PR 203. Dies wurde von dem erfahrenen Panzergeneral sofort genehmigt. Doch noch bevor die Panzer den Flußübergang erreicht hatten, war klar geworden, daß bei der 5. Jäger-Division unter Generalleutnant Allmendinger ein noch tieferer Einbruch gelungen war. Dies war der Anlaß für General von Knobelsdorff, den Gegenbefehl zu geben und das Panzer-Regiment sowie das IR 424 der 5. Jäger-Division zur Verfügung zu stellen. Die 126. ID erhielt Befehl, in der erreichten Linie zur Verteidigung überzugehen.

Daß dieser Gegenbefehl von der 126. ID nicht günstig aufgenommen werden konnte, lag auf der Hand, denn durch diese Wegnahmen wurde sie entscheidend geschwächt; dies schlug umso mehr zu Buche, als sie in den Kämpfen dieses Tages 70 Gefallene und 465 Verwundete verloren hatte.

An der rechten Flanke war der Angriff der noch im Kampfraum stehenden Teile der SS-Totenkopf-Division mit Unterstellungen von Teilen der 329. ID und der 21. Luftwaffen-Feld-Division nicht erfolgreich, weil die Angriffskräfte zu schwach waren. Dies zumal sie ja Anschluß an die eigene HKL zu halten hatten. Hier kam es zu einer Reihe kleinerer, aber dennoch sehr verlustreicher

Gefechte mit geringen Bodengewinnen.

Am zweiten Tage des Angriffs wurde die 5. Jäger-Division in der Mitte im dichten Nebel vorgeworfen. Das Jäger-Rgt. 56 unter Oberst Helmut Thumm (Ritterkreuz mit diesem Regiment bereits am 30.6.1941 errungen und am 23.12.1942 mit dem 166. Eichenlaub zum RK ausgezeichnet und noch immer sein bewährtes Regiment führend,) griff in der Spitzengruppe an und wurde von einer Panzerkompanie des PR 203 unterstützt, das auch das IR 424 begleitete. Das Regiment stieß mit großem Elan vor, riß die genannten Verbände mit und durchbrach im ersten Ansturm die russischen Verteidigungslinien.

Von Süden nach Nordwesten vorstoßend, stürmte das GR 422 diesem Durchbruch entgegen, um ihn auf der linken Flanke zu verbreitern und dem Feind keine geballte Abwehr zu ermöglichen. Eine Stunde nach Aufbruch dieses Regimentes erreichte es bereits die vorrollenden Panzerspitzen.

Die russische Brückenkopfstellung war aufgebrochen. Der Angriff wurde nach Westen fortgesetzt, und nun bildeten die Panzer geschlossen die Spitze der Angriffsgruppe. Die Grenadiere des GR 422 saßen auf den Panzern auf und suchten das Vorfeld ab. So oft sie noch feuernde Stellungen der Russen ausmachen konnten, saßen sie ab und kämpften diese feindlichen Widerstandsnester nieder.

Das Gros des GR 422 und des Jäger-Rgt. 56 folgten den Panzern dichtauf.

Um 17.00 Uhr standen die Panzer, die nicht nur wegen des schlechten Wegeverhältnisses behindert waren, sondern immer wieder Schießhalt machten, um den aufgesessenen Grenadieren bei der Vernichtung der Feindnester zu helfen und deshalb nur im Schritt-Tempo voran kamen, unmittelbar vor Koslowo. Allerdings hatten sich die Pläne von General von Knobelsdorff, entweder Koslowo oder aber die Lowatj bei Maklakowo zu erreichen, nicht erfüllt. Ostwärts von Koslowo auf den dortigen Höhen hatte sich der Feind zum Widerstand gesammelt und festgesetzt. Von dort nahm er mit einigen seiner schweren Pak die deutschen Spitzenpanzer unter Feuer, so daß nach Abschuß von einem Panzer und einem weiteren Ausfall durch Kettenschaden, der Angriff bei Einfall der Dunkelheit beendet werden mußte.

Dennoch war dies ein großer Erfolg. Im Gegensatz zum raschen Vorankommen des GR 422 war der Tag beim GR 426 bedeutend schwieriger verlaufen. Der eigene Brückenkopf konnte keinen Meter weiter nach Süden und Südwesten erweitert werden. Das Regiment mußte sich schwerster Angriffe erwehren und erst nach Gefangennahme einiger dieser Angreifer wurde festgestellt, daß die Rote Armee hier bereits Teile seiner Armeereserve eingesetzt hatte, so auch die kampferprobte 397. Schützen-Division. Nachdem der wesentliche Teil der Aufgabe des Unternehmens „Michael" bereits durch die 5. Jäger-Division mit ihren Unterstellungen gelöst zu sein schien, und sie bereits die Versorgungsstraße des Feindes bei Koslowo gesperrt hatte, schien der Kampf entschieden. Einziger schwer wiegender Wermuthstropfen an diesem Tage war der Zusammenbruch der soeben von den Pionieren errichteten Brücke über die Robja bei Welikoje Selo. Sie war unter der starken Belastung zusammengebrochen. Damit bestand keine Möglichkeit mehr, die eigene Artillerie so rasch wie möglich über den Fluß zu bringen und sie den Angriffs-Divisionen nachzuziehen.

Am Morgen des 29.10. war die Wetterlage optimal, der Himmel war klar und bereits ab 07.15 Uhr erfolgte der erste deutsche Luftwaffeneinsatz.

Unmittelbar danach traten das GR 422 mit dem I./JR 56 und Panzern des Regiments 203 sowie der 1./StGeschAbt. 184 rechts der Straße und das GR 424 mit dem unterstellten PiBatl. 126, rückwärts gestaffelt, links der Straße zum Angriff auf die Höhen ostwärts Koslowo an.

Im Vorgehen bereits wurde das GR 424 aus der linken Flanke angegriffen und mußte mit den unterstellten Pionieren nach Süden eindrehen, um den von hier aus angreifenden Gegner auszuschalten.

Gleichzeitig damit traten starke Feindkräfte aus dem Raum Issakowa nach Norden an. Allein die sofort einsatzbereite ResKp. Des IR 422 konnte diesen Angriff abwehren. Die Kompanie aus jungem unerfahrenen Nachersatz mit einigen bewährten Unterführern und Offizieren schlug sich besonders tapfer. Sie erbeutete eine Feindkarte aus der ersichtlich war, daß nunmehr die gesamte 397. Schützen-Division gegen die linke Flanke der 126. IDvorging.

Der Angriff auf Koslowo war von starker Gegenwehr der Russen gekennzeichnet, die sich hier mit schweren Waffen eingegraben und eine Reihe MG-bestückter Stützpunkte errichtet hatten.

Hier hatte die Rote Armee alle aus dem Robjabogen zurückgehenden Truppen zusammengezogen, um entscheidenden Widerstand zu leisten. Der frontale Angriff schien in einem Mißerfolg zu enden. Major Wulf gruppierte dementsprechend um und brach nach dem durchgeführten Fliegerangriff auf die Feindstellungen auf der Höhe von Nordosten angreifend, überraschend für den Feind, in die russische Stellung ein und brachte nach und nach den gesamten Widerstand zum Einsturz. Der Brückenkopf des Feindes noch auf dem Ostufer des Lowatj war damit eliminiert.

Es kam nun entscheidend darauf an, daß die Artillerie nachgezogen werden konnte. Oberst von Wrisberg schlug vor, die III./AR 126 über Mailukowy Gorki in den Raum Issakowa vorzuziehen. Darüber hinaus stellte die Division, damit voll einverstanden, das II./GR 426, das wieder zur Division zurückgekehrt war, diesem Verband westlich Issakowa bereit.

Der Angriff der 126. ID am 30. September wurde durch einen russischen Angriff bei Koslowa gegen das IR 422 behindert. Er verhinderte den geplanten Angriff des Regiments auf Luka.

Der Angriff des GR 424 südostwärts von Koslowo blieb vor starkem Feindwiderstand liegen,und das Regiment verlor, vor allem im Bereich des III. Bataillons unter Hptm. Herbert Heim, einen Teil seiner Grenadiere durch Verwundung und Tod. (Hptm. Heim erhielt als Kdr. des III./GR 424 am 8.12.1942 das Deutsche Kreuz in Gold.)

Als es in den Nachmittagsstunden dieses verlustreichen Kampftages bei Welikoje Selo im Abschnitt des I./GR 426 zu einer Abwehrkrise kam, war es Oblt. Josef Bremm, der mit seiner 5./GR 426 diesen kritischen Moment überwand und in einem bravourösen Einsatz den Feind warf. Bereits als Leutnant hatte Bremm am 18.2.1942 das Ritterkreuz erhalten. Am 23.12.1943 erhielt er das 165. Eichenlaub, um am 9.5.1945 als 159. deutscher Soldat noch die Schwerter zum RK mit EL zu erringen. Er war einer der großen Kämpfer der 126. ID, der zuletzt als Oberstleutnant und Kommandeur des Grenadier-Regiments 990 auch seine Führerqualitäten in einem Regimentsverband unter Beweis stellte.

Als dann am Abend des 30.9. der Wald ostwärts von Luka erobert und die russischen Baumschützen und in Einmann-Löchern stehenden Rotarmisten überwunden waren, befahl die 16. Armee nach Erhalt der Tagesmeldung der Korpsgruppe von Knobelsdorff, daß alle an diesem Einsatz beteiligten Verbände am frühen Morgen des 1. Oktober nach Süden angreifen und als erstes das noch immer feindbesetzte Maklakowo gewinnen sollten. Dazu wurde die Gruppe Wulf gebildet, der neben den divisionseigenen Truppen noch das III./GR 551 der 329. ID unterstellt wurde.

Wiederum durch die Luftwaffe wirkungsvoll unterstützt, wurde der Lowatj bei Maklakowo erreicht.

In den folgenden Tagen lag der Angriffsschwerpunkt beim IR 424 beiderseits Andrjuschin und Ugol. Das Regiment wurde von Major Cappel geführt, der den noch im Lazarett liegenden Oberst Harry Hoppe vertrat. (Wilhelm Cappel erhielt als Oberstleutnant und Kdr. des GR 424 am 23.2.1944 das Ritterkreuz. Er fiel als Oberst am 18.7.1944 bei Lundsen im Baltikum).

Dem Pionier-Bataillon 126 gelang es, in dem dschungelartigen Gelände mehrere tief gegliederte Bunkerstellungen der Russen aufzubrechen.

Am Abend des 30. September gab der Feind seine gefährlichen Durchbruchsversuche auf und setzte sich kämpfend ab. Die eigenen Truppen stießen sofort hinterher. Der Waldrand südwestlich von Korowitschino wurde von den SS-Einheiten erreicht und gesichert.

Bis zum Abend des 30.9.1942 hatten die angreifenden Verbände insgesamt 1.811 Mann an Ausfällen erlitten.

Der Angriff nach Süden, der am 1.10. begann und bereits dargestellt wurde, hatte zu ähnlichen dramatischen Nahkämpfen geführt wie an den anderen Abschnitten. Die Jäger-Regimenter

56 und 75, letzteres unter Oberstleutnant Kurt-Hermann Freiherr zur Mühlen, hatten den Kampf bis zum 9. Oktober fortgesetzt, bevor die Korpsgruppe den Angriff anhielt, weil mit der Linie Lowatjschleife nordwestlich Droschina-Lowatjschleife westlich von Ljachowitschi das Ziel erreicht war, den Schlauch auf eine sichere Breite auszuweiten und die geplanten Rückzugsbewegungen, von denen Hitler allerdings noch immer nichts wissen wollte, durchführen zu können.

Oberstleutnant Frhr. von Mühlen, wurde für diese Einsätze am 6. November 1942 mit dem Ritterkreuz ausgezeichnet. (Am 9. Januar 1945 erhielt er als 690. Deutscher Soldat und Generalmajor, Kommandeur der 559. Volksgrenadier-Division, das Eichenlaub zum Ritterkreuz).

Die deutschen Divisionen richteten sich an allen Fronten der Festung und zu beiden Seiten des Schlauches zur Verteidigung ein. Die Landbrücke war auf eine Breite zwischen vier bis zwölf Kilometern erweitert worden. Damit war der Gefahr des Eindrückens eines Teiles des Schlauches durch die Rote Armee ein fester Riegel vorgeschoben worden. Das Unternehmen „Michael" war eine der erfolgreichsten Großoperationen, das den Abzug aus dem Kessel von Demjansk über den „Schlauch" erst möglich machte.

Dazu General der Panzertruppe a. D. Otto von Knobelsdorff in einer Gefechtsstudie zum Autor:

„Dieses Unternehmen stand auf unsicheren Füßen, denn es war nicht vorauszusehen, wo der Feind weich werden würde und ob alle anderen Stellen dem russischen Druck würden standhalten können. Eines war für uns alle nach diesem Erfolg glückhaft verinnerlicht worden: Deutsche Soldaten standen in jeder Unterstellung – auch fern von ihren eigenen Divisionen und unter fremder Führung – eisern jeden Kampf durch. Es war mir eine besondere Ehre, diese Korpsgruppe führen zu dürfen."

Daß der Gegner mehr als 10.000 Kämpfer durch den Tod und 3.178 Gefangene verloren hat, zeigt dessen Einsatzwillen.

Wichtig war auch für jeden Soldaten der „Festung Demjansk" die Präsenz ihrer Kommandeure und der Befehls- und Oberbefehlshaber. So waren eingangs Oktober Generalfeldmarschall von Küchler mit dem OB der 16. Armee, Generaloberst Busch und dem OB der Luftflotte 1, Generaloberst Keller in Demjansk. Sie sicherten allen Kämpfern den Entsatz zu. Am 5. Oktober weilte GFM von Küchler auch auf dem Gefechtsstand der 126. ID, um ihr seinen besonderen Dank auszusprechen. Er berichtete dessen Kommandeur Generalleutnant Laux, daß dieser zum Nachfolger von General von Knobelsdorff ernannt worden sei und die Rückführungsoperationen mit führen werde. (General von Knobelsdorff war mit der Führung des XXIV. Panzerkorps beauftragt worden).

Daß die 5. Jäger-Division und die SS-Totenkopf-Division sowie das Panzerregiment 203 mit der Sturmgeschützabteilung 18 dem X. AK unterstellt wurden, während dieses Korps die 81. ID an das II. AK abgab, lag im Sinne einer geordneten Umorganisation, die auch vor dem Südabschnitt der Kesselfront nicht Halt machte.

Dort wurden die Grenadier-Regimenter 368 und 409 zur Brigade Leopold unter Generalmajor Günter Leopold zusammengeschlossen.

Da die Rote Armee an weitere Angriffe glaubte und diese im Bereich der Landbrücke nach Süden erwartete, um auch dort die gleichen Ausbuchtungen zu erlangen wie an der Nordseite des Schlauches, verlegte sie in diesen Bereich, der vor allem von der 126. ID gedeckt wurde, die 130., 397. Schützen-Division und die 7. Gardedivision. Dahinter ließ sie die Schützen-Brigaden 47 und 86 aufmarschieren.

Nach Lazarettaufenthalt war Harry Hoppe als Generalmajor zur Division zurückgekehrt und hatte deren Führung übernommen. Neben den genannten Divisionen standen der 126. ID noch die 45. Schützen-Division gegenüber.

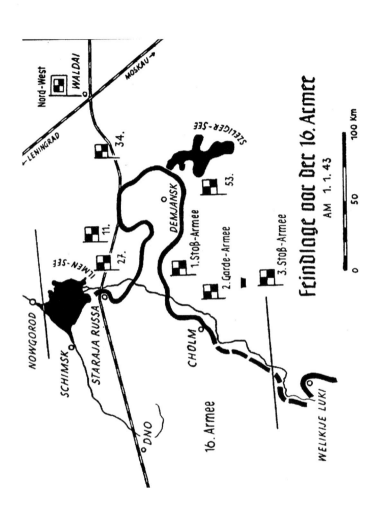

Die Feindlage der 16. Armee am 1.1.1943

Die letzten russischen Versuche,
den Kessel zum Einsturz zu bringen

Seit dem 2. Dezember 1942 versuchte die Rote Armee, vor allem vor der HKL der 126. ID letztmalig ihr operatives Ziel: Erneute Einkesselung des II. Armeekorps um Demjansk zu erzwingen.

Das gegen 07.00 Uhr dieses Tages einsetzende starke Artilleriefeuer, das auf die HKL der 126. ID herunterpaukte und die bereits vorher bei Maklakowo erhorchten Panzer-Bereitstellungen versetzten die Division in Alarmbereitschaft.

Um 09.00 Uhr brach der russische Angriff los. Den anrollenden Feindpanzern konnten keine panzerbrechenden Waffen entgegengestellt werden, weil die einzige Pak-Reserve befehlsgemäß am Vortage (!) der 290. ID unter GenMaj. Heinrichs zugeführt worden war, weil dort ein „Hauptangriff" vermutet wurde.

Generalmajor Hoppe, Eroberer von Schlüsselburg und einer der Vorkämpfer seiner Division, erhielt zwar vom Korps und von der Armee Zusagen für rasche Hilfe, doch mit Zusagen allein konnte die 126. ID den russischen Panzervorstoß nicht stoppen.

Wenn die Abwehr gelang, dann Dank des unermüdlichen Einsatzes der Grenadiere, die einen ersten Feindeinbruch abriegelten und die zu weit vorgeprellten T 34 – es waren 32, die diesen Angriff anführten – mit Nahkampfmitteln vernichteten. Die Divisions-Artillerie schoß zielsicher in die Sturmtruppen der Angreifer. Allerdings waren wegen der hohen Schneeverwehungen auch bis zum späten Abend des 2.12. noch keine Ersatzverbände eingetroffen, von Panzern nicht erst zu reden.

In den Bunkern und Stützpunkten verteidigten sich die Grenadiere. Als um 03.00 Uhr das PiBatl. 158 der 58. ID eintraf und bei Koslowo in den Abwehrkampf eingriff, ferner im Gegenstoß noch in der Nacht die eingedrungenen Feindgruppen zum Teil vernichtete, wurde der Gegner geworfen. Er ließ über 100 Tote zurück.

Drei Stunden darauf trafen als Panzerabwehr gedachte Teile der 3./Flak-Abt. 411 und der 3./Flak-Abt. 13, dann als „dicker

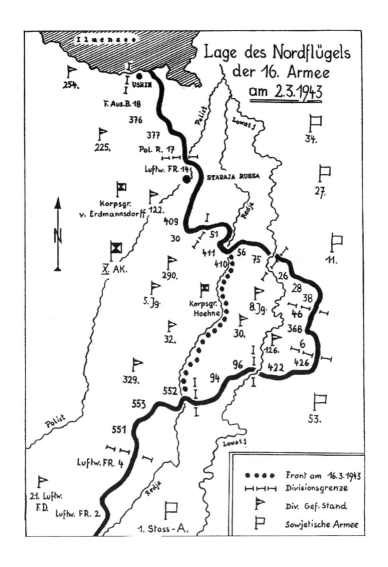

Die Nordflanke der 16. Armee am 2.3. 1943 + 16.3. 1943

Hammer"wie die Grenadiere sie nannten, die Panzerjäger der 3./PzJägAbt. 158 auf dem
Gefechtsfeld ein.

Am frühen Nachmittag des 3.12. begann der nächste russische Angriff, mit dem die Führung desselben den Einbruch zum Durchbruch erweitern wollte. Es gelang den Sowjets, den Einbruch weiter auszuweiten. Es war einigen Stoßgruppen des Feindes gelungen, sich im Einbruch zu halten und einzuigeln. Sie wurden durch diesen zweiten Angriff gerettet. Starke Feindpanzer-Rudel zerschlugen die deutschen Stellungen im Einbruchsraum. Nachdrängende feindliche Schützen-Verbände stießen nach. Die eigene HKL mußte bis zur Straße hart südlich Koslowo-Welikoje Selo ausweichen.

Zwischen den Regimentern 422 und 426 klaffte eine breite Lücke. Dazu Generalleutnant Harry Hoppe an den Autor:

„Wenn der Feind in dieser Situation nicht – für mich unerklärbar – gezögert hätte und uns damit nicht eine entscheidende Atempause zum Aufbau einer neuen Abwehrfront gegeben hätte, wäre ein gefürchteter Durchbruch nach Norden unaufhaltsam gewesen." (Unterlagen Generalleutnant Hoppe an den Autor).

Als dann in der Nacht zum 4. Dezember das II./GR 209 der 58. ID eintraf, wurde es von GenMaj. Hoppe hinter die Einbruchstelle geführt. Ihnen folgten zwei Kompanien des II./GR 200 unter Lt. Ackerschott nach.

Auf dem rechten Flügel der Division fand gleichzeitig das II./GR 422 Anschluß an das PiBatl. 158 bei Koslowo, so daß die hier drohende Gefahr eines weiteren Kampffeld ein- oder gardurchbruchs gebannt war.

An der Einbruchslücke konnten alle zwischen der Lowatj und Robja eingesetzten russischen Verbände festgestellt werden. So auch die später hinzu gekommene 47. Schützen-Brigade. Alle hatten sie schwere Verluste erlitten, so daß ihre Kampfkraft erschöpft war u n d keine weiteren frischen Reserven in diesem Raum mehr zur Verfügung standen.

Dennoch führte ein weiterer Panzerangriff der Russen am 4. Dezember zu einer zunächst gefahrdrohenden Situation, als er den wichtigen Punkt 40,7 ansteuerte. Dort jedoch war – ein

Glücksfall in diesem verworenen Kampf – das II./GR 209 soeben eingetroffen und hatte sich bereitgestellt. Der Feind lief auf das Bataillon auf und wurde von dichtem MG-Feuer und einigen Werfer-Feuerschlägen gestoppt. Er zog sich fluchtartig zurück, als er feststellte, daß die vermeintliche Lücke dicht besetzt war.

Der russische Panzerangriff auf Koslowo rollte genau auf die Abwehrfront von Pak und Flak los. In drei, vier Salven aller Geschütze wurden sechs T 34 abgeschossen und wenigstens vier weitere zogen sich qualmend zurück, oder standen mit zerschossenen Ketten auf dem Gefechtsfeld. Der Chef der 3./FlakAbt. 411, Oblt. Kammler, fand hier den Tod.

Bei Issakowa hatten das II./GR 426 und die von Oblt. Bremm geführte Bau-Kp. den Ansturm der Russen standzuhalten, denen hier ein Einbruch gelang, der aber nicht weiter vergrößert werden konnte. Harry Hoppe, ein Mann schneller und guter Entschlüsse, mit einem sechsten Sinn für zu bereinigende Situationen ausgestattet, warf das gerade eintreffende I./GR 209 gegen Mittag in die Bresche und ließ es beiderseits der Straße Welikoje Selo-Koslowo antreten. Das Bataillon konnte die Lage bereinigen.

Der Morgen des 5.12. sah dieses Bataillon unter Hptm. Dr. Friedrich Sierts erneut im Angriff, der von der Divisionsartillerie durch die Flak in direktem Beschuß gegen erkannte russische Bereitstellungen unterstützt wurde.

Friedrich Sierts, der bereits am 12. September 1942 das Deutsche Kreuz in Gold erhalten hatte, das er übrigens mit dem III. Bataillon seines Regiments erkämpfte, bahnte sich den Weg bis zur Straßenbrücke nordwestlich von Issakowo und schloß wenige Stunden darauf die Lücke zwischen den inneren Flügeln der Grenadier-Regimenter 422 und 426. Damit war die Entscheidung schon gefallen, auch wenn die Rote Armee weiterhin versuchte, doch noch zum Erfolg zu kommen und einige Male dicht davor stand. So beispielsweise, als sie mit einem Panzerangriff am 5.12. durchstießen, aber dann durch die 7./GR 426 unter Oblt. Willi Nolte gestoppt wurden. Nolte seit dem 28.11.1942 Träger des Deutschen Kreuzes in Gold war einer der unermüdlichen Kämpfer der Division. Dazu Harry Hoppe:

„Diese Männer, Leutnante und Oberleutnante, aber auch

Hauptleute hatten ihre Einheiten fest in der Hand, sie kämpften an erster Stelle und boten jedem Mann des hinzugekommenen Nachersatzes das anfeuernde Beispiel echten Soldatentums."

Der Abwehrerfolg war nun gesichert, dennoch stand es nach wie vor schlecht, denn die 126. ID lag in diesen Stellungen, die nicht einmal ausgebaut sondern nur provisorisch waren, so gut wie ständig im Freien, während der Feind in der von ihm eroberten deutschen HKL saß.

Hinzu kam, daß die 126. ID vom 2. Bis zum 6.12.1942 800 Mann an

Gefallenen, Verwundeten und Vermissten zu beklagen hatte.

Als Generaloberst Busch Mitte Dezember 1942 zur Division kam und Harry Hoppe ihn fragte, wie es nun weitergehen solle, da ja die geringe Kopfzahl und die fehlenden Stellungen kaum eine durchgehende Verteidigungslinie sicherstellten, meinte Generaloberst Busch tadelnd: „Sind auch Sie schon unter die Pessimisten gegangen?"

Das war Harry Hoppe gewiß nicht, doch der erfahrene Frontkommandeur sah die Mängel und die vielen Aushilfen ebenso, wie die fehlenden schweren Waffen und stellte nur eine sachlich richtige Beschreibung der Lage in den Raum, zu der eigentlich keine Schlagworte paßten.

Die zweite Hälfte des Dezember verlief ereignislos. Stellungen wurden ausgebaut und die Verbindung zu der links von der 126. stehenden 123. ID unter Generalleutnant Rauch verbessert und verdichtet, um die Nahtstelle sicher zu machen. Bei dieser 123. ID griff die Rote Armee nunmehr an, in der Hoffnung, es hier leichter zu haben.

Erst in der Silvesternacht 1942/43 traten die Russen wieder gegen das auf dem linken Flügel der Divisionsfront eingesetzte GR 424 an. Ein Schützenregiment, von 10 T 34 unterstützt, drang bei Knjasewo in die neue HKL ein. Der Gegenstoß konnte zwar die 200 Meter breite Einbruchsstelle einengen, ohne sie jedoch ausräumen zu können. GenMaj. Hoppe forderte die Ausräumung der Einbruchsstelle noch in der Nacht, damit der Feind sich nicht setzen und keine weiteren Truppen nachschieben konnte.

Bei leichtem Schneetreiben trat die 11./GR 424 an. In einem

Gefecht, das von 02.45 bis 03.50 Uhr dauerte, wurde der Feind geworfen. 17 Gefangene und 53 Tote ließen die Russen an dieser Stelle zurück. Es war Oblt. Hans Uhde, der diese Kompanie im Nachtkampf führte und immer wieder in Krisenmomenten mit dem verstärkten KpTrupp angriff und den Feind überwaltigte.

Am 15.1.1943 erhielt Hans Uhde dafür das Ritterkreuz. Er hatte einen entscheidenden Abschnitt und damit die Front gerettet.

Zu diesen Angriffen hatte Marschall der Sowjetunion Semjon Konstantinowitsch Timoschenko, der seit dem 23.7.1942 die Nordwestfront führte, drei Armeen zur Verfügung. Es waren: die 11. und 27. Armee, die als Nordgruppe vom Ilmensee her den Schlauch angreifen und eindrücken sollte, und die 1. Stoßarmee, die Auftrag hatte, von Süden her anzugreifen und den Schlauch ebenfalls abzukneifen.

Damit wäre dann das Schicksal des II. Armeekorps besiegelt gewesen, denn für eine Luftversorgung standen keine Flugzeuge mehr zur Verfügung. Alle Ju 52 waren bei der Luftversorgung Stalingrads und zur Versorgung der Panzerarmee, später der Heeresgruppe Afrika, untergegangen. Zudem wäre es nicht mehr möglich gewesen, dem von allen Seiten angreifenden Druck der sowjetischen Truppen standzuhalten.

Mit 13 Schützen-Divisionen, neun Schützenbrigaden und einigen Panzerbrigaden und Regimentern die über insgesamt 400 Panzer verfügten, traten sie gegen die 8. Jäger-Division, die 81. Und 290. ID an, die sich hier – wie soeben dargestellt – mit Bravour schlug und allen Angriffen trotzten, wenn auch geringe Geländeverluste eintraten, die jedoch in keiner Weise den Vorgaben der Roten Armee entsprachen. Das STAWKA hatte befohlen, jene 10 Kilometer Durchbruch zu schaffen, die den Schlauch zerschnitten hätten. Das war fehlgegangen.

Die Südgruppe, bestehend aus sieben Schützendivisionen, vier Schützenbrigaden und Panzerverbänden mit insgesamt 150 Panzern, sollten die von Süden nach Norden zielende Hälfte jenes 10 Kilometer breiten Schlauches überwinden. Hier stand – wie dargestellt – allein die 126. ID, die allen Angriffen standhielt und nur wenige hundert Meter Bodengewinn für die Rote Armee zuließ.

Das X. AK – die Gruppe Höhne – wurde von der 8. Jäger-Division unter GenMaj. Schoppers und der 81. ID im Zentrum des Angriffs eingesetzt. Die Kämpfe waren so schwer und vernichtend, daß die 81. ID am 17. Dezember aus dem Kampf genommen werden mußte. Ihre beiden Regimenter 161 und 174 verfügten noch über 310 Kämpfer. Die Division hatte mit geringen schweren Waffen und überwiegend im Nahkampf Mann gegen Panzer 170 sowjetische Kampfwagen abgeschossen. An die Stelle dieser Division, die sich bis zur Selbstaufopferung geschlagen hatte, trat die 225. ID. Es war ihr GR 376, das unter Führung von Oberst Wilhelm Lorenz in den ersten zwei Tagen ihres Einsatzes weitere 18 T 34 vernichtete. Am 28.12.1942 erhielt der Regimentskommandeur das Ritterkreuz. (Er wurde wenige Tage darauf schwer verwundet und erlag diesen Verwundungen am 2.1.1943. Nachträglich wurde er wegen Tapferkeit vor dem Feind zum Generalmajor befördert. Seit dem 3.10.1942 trug er das Deutsche Kreuz in Gold).

Hier war auch die StGsch-Brig. 184 eingesetzt, über die an anderer Stelle berichtet wurde und in der Unteroffizier Horst Naumann das Ritterkreuz errang.

Der Schlauch hatte also allen Angriffen standgehalten. Die Rote Armee gab auf. Sie hatte vom 28.11.1942 bis zum 12. Januar 1943 10.000 Tote verloren und den Abschuß von 423 Panzer zu beklagen (von den eingesetzten 550).

In den Kämpfen nördlich und südlich des Schlauches waren auf deutscher Seite einschließlich jener im Kessel selbst gefallener Soldaten 17.767 Soldaten (bis zum 23.1.1943) gefallen, verwundet oder vermißt gemeldet.

Es war der Chef des Generalstabes, Generaloberst Kurt Zeitzler (Ritterkreuz als Oberst i. G. und Chef des Stabes der Panzergruppe 1 am 18.5.1941), der Hitler beschwor, diese Stellungen bei Demjansk und am Fuße des Waldaigebirges zu räumen, da sie ihren Zweck erfüllt hatten und ihr Stehenbleiben nun eigentlich nicht mehr verantwortet werden konnte. Aber erst als Hitler Mitte Januar 1943 klar wurde, daß die 6. Armee auf Grund seines Durchhaltebefehls verloren war, versuchte Generaloberst Zeitzler es noch einmal und am 30. Januar 1943 konnte der Kriegstagebuchführer des Oberkommandos der Wehrmacht, Major Helmuth Greiner, folgenden Eintrag machen: „Der Führer hat gestern Meldung über die Vorräte im Raume von Demjansk verlangt, um zum Entschluß über die Räumung des Kessels zu kommen. In diesem Zusammenhang äußerte der Führer nebenbei, daß ihm der Entschluß zur Räumung schwer falle."

Am 31. Januar 1943 gab Hitler dann endgültig den Widerstand gegen die Räumung der Festung Demjansk auf, und am 1. Februar gingen die Funksprüche an die 16. Armee und das II. AK hinaus, in denen der Armee und dem Korps der schrittweise Rückzug aus diesem Raum freigegeben sei. Mit der Voraussetzung, daß alles Material und alle Waffen, Soldaten und Verwundete, den Kessel würden verlassen können. Für diese schrittweise Räumung wurden 70 Tage veranschlagt.

Es war der vorausschauenden Übersicht von General Laux zu verdanken, daß alle Vorbereitungen zu einem solchen Rückzug bereits getroffen worden waren. Als Chef des Planungsstabes war der Ia der 225. ID, Major Wilfried Ritter und Edler von Rosenthal für alle Fragen der Räumung verantwortlich. (Als Oberstleutnant i. G. und Ia der 225. ID errang dieser tatkräftige und umsichtige Offizier am 14.5.1944 das Deutsche Kreuz in Gold).

Dieses Unternehmen erhielt den bezeichnenden Codenamen „Operation Entrümpelung".

Die aufgestellten Räum- und Arbeitskommandos bauten Wege und legten Knüppeldämme von den Abschnitten der einzelnen Verbänden in den Stellungen zu den Straßen auf. Motorisierte Schneepflüge wurden zu Räumungsarbeiten und der Anlage von Ausbruchsschneisen eingesetzt. Alle nicht verwendeten Materialien und andere Güter, die nicht mehr benötigten Fahrzeuge und Geräte aller Art wurden an die Endstelle der Feldbahnlinie hinter der Pola geschafft. Diese Bahn führte in der Mitte des Schlauches nach Westen.

Nur in den höchsten Stäben war bekannt, daß es sich hier um ein groß angelegtes Rückführungsmanöver handelte und nicht, wie die Parole ausgestreut wurde, um Vorbereitungen zu einer

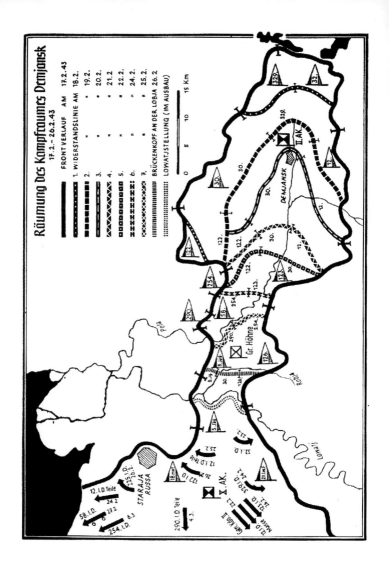

Räumungsoperationen der Festung Demjansk vom 17. bis 26.2.1943

Offensive nach Osten und Nordosten.

Als am 1. Februar 1943 der offizielle Räumungsbefehl eintraf, waren alle Vorbereitungen abgeschlossen.

Am 14. Februar waren bereits 8000 Tonnen Gerät, 5000 bespannte Fahrzeuge und 1.500 Kraftfahrzeuge abtransportiert; der Beauftragte meldete dem Korps den Erfolg. Dieses wiederum meldete dem Chef des Generalstabes des Heeres, daß die Räumungszeit auf 40 Tage verkürzt werden könne.

In dieser Situation zeigte es sich, daß man eine Möglichkeit außer Acht gelassen hatte: Der Angriff der Roten Armee mitten in der Vorbereitungsphase der Rückführungen.

Der letzte Angriff – Rückzug aus Demjansk

Der dritte Band der Geschichte des Großen Vaterländischen Krieges machte die Gründe plausibel, auf Grund derer die Rote Armee noch einmal eine letzte große Anstrengung machte:

„Die breit angelegten Offensiven der Roten Armee im Süden und im Mittelabschnitt der Front ebenso wie bei Leningrad fesseln die deutschen Kräfte und zwingen sie zum Einsatz aller Reserven. Dadurch entstanden günstige Bedingungen dafür, nunmehr den Brückenkopf von Demjansk endgültig zu beseitigen, in welchen mit insgesamt 12 Divisionen die Hauptkräfte der 16.deutschen Armee standen." (Siehe Telpuchowskij, Boris Semenovic: Die sowjetische Geschichte des Großen Vaterländischen Krieges 1941 – 1945 und: Geschichte des Großen Vaterländischen Krieges der Sowjetunion, 6. Bd. Berlin Ost 1962 – 1963).

Am Morgen des 15. Februar 1943 eröffnete die Rote Armee den Großangriff mit einem um 06.00 Uhr beginnenden Trommelfeuer. An allen übrigen Fronten wurden Fesselungsangriffe gestartet, und an der Demjansker Kesselfront zum Hauptangriff angetreten. Sechs Schützendivisionen und drei Panzerregimenter traten gegen die Stellungen der 290., 58. Und 254. ID an, um von der Nordfront her den Schlauch abzukneifen. Gelang dies, dann wären alle vorbereitenden Arbeiten zum Abtransport aller Güter vergebene Mühe gewesen.

Gleichzeitig trat erneut die 1. Sowjetische Stoßarmee von Süden gegen die Abwehrfront der 126. ID mit sechs Schützendivisionen und drei Schützenbrigaden an. Da jetzt sofort gehandelt werden mußte, ließ sich der Kommandierende General im Kessel direkt über die bereits im Mai 1942 eingerichtete drahtlose Richtfunk-Verbindung mit Generalfeld-marschall Busch (seit dem 1.2.1943 zu diesem Rang ernannt), verbinden. Diese neue Anlage war nicht zu unterbrechen und konnte auch nicht abgehört werden.

„Dieser Angriff, Herr Feldmarschall, kann unsere Vorbereitungen u n d den Rückzug selber zunichte machen," eröffnete General Laux die Unterredung.

„Was ist Ihrer Überzeugung nach zu tun?" fragte der

Feldmarschall und die Antwort des Kommandierenden Generals lautete:

„Wir müssen die Räumung sofort beginnen."

Die Frage, ob dies denn möglich sei, wurde von General Laux bejaht und der Feldmarschall stimmte diesem Vorschlag zu.

„Machen Sie es gut, Laux. Und alles Soldatenglück!" waren Ernst Busch's letzte Worte. Der Offizier des Ersten Weltkrieges, ausgezeichnet mit dem Pour le mèrite und dem Ritterkreuz, der am 21.8.1943 noch das 274. Eichenlaub erhalten sollte, setzte sein ganzes Vertrauen in den Kameraden, der die Führung im Kessel im Sinne seines Vorgängers kompromißlos fortgesetzt hatte.

Während auf beiden Seiten des Kessels der Abwehrkampf entbrannte und im Nordabschnitt des Flaschenhalses ebenso wie im Süden und nicht zuletzt an der Ostfront des Kessels der Einsatz gegen einen sechsfachen überlegenen Feind tobte, begannen am frühen Morgen des 17. Februar die Rückzugsbewegungen aus dem Ostteil des Kessels mit dem Abrücken der 329. und 32. ID, während die 30. und 12. ID noch weitere 24 Stunden auf ihren Posten verharrten und den Feind zu stoppen hatten, sobald dieser den Rückzug bemerkt hätte und angreifen sollte.

Noch einmal kämpften die Männer um Generalmajor Hoppe im Süden des Schlauches. Harry Hoppe war nach vorn gefahren, um am Ort des Geschehens einzugreifen, falls dies erforderlich war. Er billigte den Vorschlag, die verloren gegangene Ortschaft Beressowetz, die von russischen Panzern genommen worden war, zurückzugewinnen. Teile der Granadier-Regimenter und die 1./StGeschAbt. 184, letztere geführt von Oblt. Pfaffendorf, traten an. Die Sturmgeschütze schossen 12 T 34 ab, aber der Angriff blieb vor den dicht verschanzten russischen Schützen-Verbänden liegen. Generalmajor Hoppe ließ den Angriff um 15.00 Uhr einstellen und die Einbruchsstelle abriegeln. Dies gelang und die Gruppe Höhne unterstellte der 126. ID das JR 56 der 5. Jäger-Division.

Alle Kräfte wurden gesammelt und standen nach Mitternacht des 16. Februar bereit. Der mit dem ersten Büchsenlicht angreifende Feind, der Godilowo anpeilte, wurde blutig abgewiesen.

Auch bei Wyssotowo und Kukij, gegen die Riegelstellung der Division, wurde der russische Angriff mit Hilfe des Artillerie-Schutzwalles des AR 126 abgeschmettert. Mehrere Panzer wurden abgeschossen. Kukij allerdings war verlorengegangen. Der Versuch, diese Ortschaft zurück zu gewinnen, war vergebens.

An allen Stellen der Abwehrfront wurde gekämpft. Bei Godilowo kam es am Abend dieses Tages zu einer Krise. Der Feind griff hier von allen Seiten an. Die letzten verfügbaren Kräfte wurden nach Anforderung von Oberst Georg Hachtel, Kdr. des hier eingesetzten Teiles des Jäger-Regiments 56 dorthin in Marsch gesetzt. Mit ihnen gemeinsam konnte Gorodilowo gehalten werden.

Die Armeeführung der Russen hatte nun auch noch die als Reserve zurückgehaltene 166. Schützen-Division in den „Skat" geworfen. Dennoch gelang es ihr nicht, den Durchbruch nach Norden zu erzwingen.

In den nächsten Tagen ging Olgino verloren, trat bei Godilowo eine neue Krisenlage ein, die allerdings überwunden wurde. Die 126.ID hatte es bis zum Abend des 17.2. geschafft, eine durchgehende Front zu bilden und diese zu halten.

Die Angriffe der sowjetischen Nordfront schlugen nicht durch. Hier standen – zur Sicherung des Schlauches und der Nordwestfront am westlichen Schlauchende die Divisionen der Korpsgruppe Hoehne von der Südflanke der Stadt Staraja Russa aus bis hinunter zum Luftwaffen-Feldregiment 2 an der südlichen Redja; es waren Divisionen wie die 30., die 290. ID, die 5. Jäger-Division, die 32. ID und die 329. ID sowie die 21. Luftwaffen-Feld-Division, die eisern hielten und nicht zu durchbrechen waren. Sie wußten, daß sie halten mussten, wenn der Rückzug gelingen sollte.

Damit war der Weg aus dem Kessel von Demjansk für alle Divisionen im Kessel frei.

Gelungener Rückzug

An späten Nachmittag des 17. Februar setzten sich die am weitesten nach Osten vorgestaffelten beiden Divisionen 329. und 32. von der östlichen Kesselfront auf die erste der insgesamt neun Widerstandslinien ab. (Siehe Kartenskizze) Sie wurden von den in der zweiten Linie verteidigenden 12. und 30. ID gedeckt. Im gleichen ersten Opeationsab-schnitt verkürzte die 122. ID ihren nach Nordwesten anschließenden Frontbogen. Alle drei Divisionen ließen starke Nachhuten zurück, die dem Feind durch sporadisches Feuer zu schaffen machten und das Noch-Vorhandensein in der HKL vorspielten.

Eine hundertprozentige gestraffte Verkehrsregelung sorgte für das reibungslose Abfließen der beiden Divisionen, vor allem an den Engstellen und Brücken. Ohne Licht und unter Vermeidung starker Geräusche rollten die Wagen durch die Nacht über die Hauptrollbahn durch den Kessel nach Westen.

Noch immer versuchte die Rote Armee, südlich und nördlich des Schlauches diesen zu durchbrechen. Aber jeder Mann wußte, daß hier gehalten werden mußte, wenn der große Plan gelingen sollte. Und sie hielten!

Erst mit dem Tageslicht des 19. Februar erkannte der Feind vor der Ostfront des Kessels, daß diese östlichste HKL der Deutschen nicht mehr besetzt war.

Dichtes Schneetreiben drohte in diesen Tagen noch alle Bewegungen zu ersticken. Aber es ging weiter, durch oftmals knietiefen Schnee. Russische Kavallerie und Skitruppen versuchten nachzusetzen. Es gelang ihnen mehrfach in die deutschen Nachhuten einzubrechen. Aber ihre Versuche, den westwärts rollenden Divisionen den Weg zu verlegen, scheiterte immer wieder am entschlossenen Widerstand derselben.

Hier war es wieder einmal mehr das IR 6 der 30. ID, das unter der Führung ihres Kommandeurs, Major Walter Vogel, den Feind im Nahkampf stoppte, die von den vorangekommenen Skitruppen besetzten Dörfer freizuschlug und den Feind aus den warmen Hütten hinausjagte. Walter Vogel erhielt am 26.8.1943 das RK.

Nicht zu vergessen die Artillerie der einzelnen Divisionen, die alle Munition für diesen Ausbruch nach Westen gespart hatte und nun mit „alle alle!" wie die Landser dies nannten, ballerten was das Zeug hielt.

In der Nacht zum 20. Februar wurde die dritte Auffanglinie geräumt und die 30. und 12. ID machten sich auf den Weg durch den Kessel nach Westen. Damit war auch Demjansk selber freigegeben. Hier passierte es in der Nacht, daß eine durchmarschierende Kolonne – entgegen dem ausdrücklichen Befehl – einige Häuser in Brand steckte (andere Quellen sprechen von einem nicht beabsichtigten Brand). Wie auch immer: Der starke Ostwind fachte die ersten Flammen zu lohender Glut an, und Demjansk ging in einer Feuersbrunst unter.

Das Lazarett aber wurde von einigen besonnenen Soldaten gerettet, und so konnten die nachrückenden Rotarmisten 50 ihrer verwundeden Kameraden bis zuletzt versorgt, im Lazarett wiederfinden.

Das Generalkommando hatte sich mit dieser Absetzbewegung ebenfalls abgesetzt und rollte geschlossen durch, um am 22. Februar die fünfte Widerstandslinie zu erreichen.

Es waren die 30. Und 12. ID, die immer wieder anrennende russische Verbände stoppten. Als ein sehr starker russischer Angriff gegen die Brückenstellen bei Kobylkino und Ramuschewo anbrandete, mußte die soeben aufbrechende 8. Jäger-Division in die HKL zurück und diesen Angriff abwehren. Ihr Kommandeur, Generalmajor Friedrich-Jobst von Volkamer-Kirchensittenbach, blieb selbstverständlich vorn bei seinen Männern. (Er erhielt am 26.3.1944 das Ritterkreuz).

Die Flußstellungen wurden gehalten, und wenig später konnte auch diese Division den Rückmarsch antreten.

Nachdem die 30. und 12. ID ihre Stellungen verlassen hatten, ruhte die Verteidigung „an der Ostfront" auf den Schuldern der 123. und 354. ID., die den abmarschierenden Verbänden Schutz gaben.

Eine besondere Leistung vollbrachten die Pioniere und Bautruppen, die immer wieder die Rollbahn freimacht, liegengebliebene Wagen zur Seite schoben und deren Insassen und Güter auf die anderen Wagen zu verteilen hatten. Motorisierte und bespannte Einheiten zogen hintereinander her. Voran die riesigen Motorpflüge, die die dichten Schneeverwehungen zur Seite wälzten. Lange Stockungen gab es nicht, dafür sorgten diese Männer.

Zwischen den einzelnen Marschgruppen liefen Ski-Spähtrupps, um die Verbindung zu halten und als Melder zu fungieren. Daneben sicherten sie auch auf den Flanken gegen einen möglicherweise nachdrückenden Gegner. Es gelang der Roten Armee nicht, diesen Zug zu stoppen, noch ihm den Weg zu verlegen.

Als für kurze Zeit der Verkehr über die Brücke bei Ramuschewo gesperrt werden mußte, wurden andere kleine Übergänge benutzt. So die Brückenstelle bei Tscherentschizy.

Zügig, und wie es vorgesehen war, rollten die Divisionen westwärts. Am 26. Februar war die Stellung an der Robja erreicht, in der von Norden nach Süden die 8. Jäger-Division und die 30. und 126. ID hielten.

Diese drei alten Demjansk-Divisionen hielten so lange, bis am Nachmittag des 27. Februar die letzten Nachhuten der 254. und 290. ID sich vom Feind gelöst hatten.

Ein wichtiger Umstand sei an dieser Stelle erwähnt, weil er ein realistisches Bild auf das Verständnis zwischen den deutschen Soldaten im Kessel und der Zivilbevölkerung wirft.

Fast sämtliche Zivilisten, abgesehen von Greisen und Mütter und Väter, Kleinkindern, zogen mit den deutschen Truppen nach Westen, um sich vor den Soldaten der Roten Armee in Sicherheit zu bringen!

Der Rückzug war gelungen. Zurück blieben 100 Quadratkilometer umgewühlter Erde und 10.000 deutsche Soldatengräber. Das Leben in den Dörfern und Städten in diesem großen Gebiet war erloschen. Mit den deutschen Truppen wurden 300 Tonnen Munition, 700 Tonnen Verpflegung, 1.000 Tonnen Geräte und 1.500 Kraftfahrzeuge auf diesen Marsch mitgenommen.

Fünf feindliche Armeen hatten unter dem Befehl von Marschall Timoschenko über ein Jahr lang versucht, diese Festung zu erstürmen, ohne daß sie am Ende diesen Rückzug hatten verhindern können. Division um Division hatten sie sich ungeschlagen über den Lowatj nach Westen gerettet und waren nunmehr der permanenten Drohung eines plötzlichen russischen Sieges und ihrer Gefangenschaft entkommen.

Als letzte deutsche Division verließ auch die 126. ID am 1.3.1943 ihre Stellungen, um in neuer Unterstellung unter das X. AK die Front bei Penna zu verstärken.

Am 1. März 1943 erließ Generaloberst Busch einen Tagesbefehl folgenden Inhalts:

„Die Räumung des Kampfgebietes ist beendet. Hier wurde ein Raum aufgegeben, gegen den der Feind fast 14 Monate lang ununterbrochen Angriffe geführt hat. Große Entbehrungen und äußerste Härte mußten gefordert werden.

In dieser Zeit wurden 1.261 Panzer und 416 Geschütze des Feindes vernichtet, 125 Flugzeuge abgeschossen. Der Feind verlor 30.000 Gefangene. Die Waldaihöhen, der Seliger-See und das Polatal mit der Stadt Demjansk waren vielen bereits zur zweiten Heimat geworden. Dort ruht mancher Kamerad in der Erde. Von diesen Gräbern, die in echter Kameradschaft gehütet wurden, mußte Abschied genommen werden. Doch der Geist unserer gefallenen Kameraden wird auch westlich des Lowatj in den Divisionen des II. Armeekorps fortleben. – Busch, Generaloberst." (Am selben Tage wurde Ernst Busch zum Generalfeldmarschall ernannt).

Der Bericht des Oberkommandos der Wehrmacht meldete unter dem 2. März 1943:

„Der Brückenkopf von Demjansk, gegen den die Sowjets 14 Monate lang vergeblich und unter ungeheuren Menschen- und Materialverlusten anrannten, wurde planmäßig geräumt."

Der Oberbefehlshaber der Wehrmacht stiftete für alle im Kessel und im gesamten Kampfraum Demjansk eingesetzten Soldaten und auch für die dort arbeitenden Beamten den DEMJANSK-SCHILD. Dieser Schild war 9 cm lang und 5 cm breit und wurde am linken Oberarm getragen.

General der Infanterie Laux, als KommGen des II. AK und Generalleutnant Hoehne, letzter KommGen. des Korps „Laux" erhielten am selben 17.5.1943 das 237. und 238. Eichenlaub zum Ritterkreuz für diese letzten Einsätze im Kessel. Gleichzeitig damit wurde Gustav Hoehne zum General der Infanterie befördert. Geben wir an dieser Stelle General der Infanterie Kurt von Tippelskirch das Wort zu diesem dramatischen Ringen über 14 Monate. Der General war selber als Generalmajor und Kommandeur der 30. ID im Kessel von Demjansk an den Brennpunkten eingesetzt. Er trug seit dem 23.11.1941 das Ritterkreuz und wurde am 30.7.1944 als 539. deutscher Soldat mit dem Eichenlaub zum RK ausgezeichnet. Er sagte:

„Es ist einfach unvorstellbar, was eine Truppe zu leisten vermag, die sich ihres überlegenen Kampfwertes bewußt ist und ihren militärischen Führern vertraut."

Das letzte Wort sollte aber der Herr der „Grafschaft", General der Infanterie von Brockdorff-Ahlefeldt haben. Noch im Mai 1942 – als sich der Kessel von Demjansk konsolidiert hatte, hielt er im deutschen Rundfunk eine Rede, die Zeugnis davon ablegte, was diese Soldaten seines II. Armeekorps geleistet haben u n d, was er als Appell an alle deutschen Soldaten richtete:

„Die Heimat möge wissen, daß ihre Soldaten unvergleichlich sind. Dem Schicksal sage ich Dank, daß es mir gegeben war, solche Soldaten führen zu können."

QUELLENANGABE
UND LITERATURVERZEICHNIS (Im Auszug)

Alman, Karl:	Heinz Hogrebe – Einsatz im Nordabschnitt der Ostfront, Rastatt 1959
ders.:	Oberst Harry Hoppe – Der Erstürmer von Schlüsselburg, Rastatt 1961
Amann, Arnold:	Südlich des Ilmensees, i. Alte Kameraden, Nr. 3, 1957
Below, Hans von:	Geschichte des Infanterie-Regiments 4, Stettin 1970
Breithaupt, H.:	Geschichte der 30. Infanterie-Division, Bad Nauheim 1955
Bruch, Werner:	Tagebuchaufzeichnungen vom Einsatz des IR 424, vom 1.2. bis zum 25.6.1942, i.Ms.
Carell, Paul:	Unternehmen „Barbarossa" – Der Marsch nach Rußland, Frankfurt/Main-Berlin-Wien 1963
Eremenko, A.I.:	Tage der Bewährung, Berlin-Ost 1961
Haupt, Werner:	Demjansk 1942 – Ein Bollwerk im Osten, Bad Nauheim 1963 (2. Aufl.)
ders.:	Heeresgruppe Nord, 1941-1945, Dorheim 1970
Heysing, G.:	Nordpfeiler der Ostfront, (PK 501) 1943
Hossbach, Fr.:	Infanterie im Ostfeldzug, Osterode 1951
Ipsen, D.:	Kampf um Leningrad (PK 501) 1941
Keiling, Wolf:	Das deutsche Heer, 1939-1945, Bad Nauheim 1958
ders.:	Die Generale des Heeres, Friedberg 1983
Karsten, Otto:	Cholm, in: Die grauen Hefte der Armee Busch.
ders.:	Cholm, Kowno, Die grauen Hefte der Armee Busch
Knobelsdorff, Otto von:	
	Geschichte der niedersächsischen 19. Panzer-Division, Bad Nauheim 1959
ders. Und Frau Alice von	
Knobelsdorff:	Unterlagen, Tagebücher und Gefechtsberichte im Manuskrispt
Behrens, Heinrich	290. Infanterie-Division – Chronik in Bildern, Delmenhorst 1970
Lohse, Gerhard:	Geschichte der rheinisch-westfälischen 126. ID 1940 – 1945, Bad Nauheim 1957
Manstein, Erich von:	Verlorene Siege, Bonn 1955

ders.:	Unterlagen und Dokumente an den Autor und MS zum gemeinsamen Werk mit dem Autor: „Der Krieg in 40 Fragen (für LaTable Ronde, Paris)
Marreck, Günter:	Kampfbericht Bol. Wishera, i. Ms.
Morzik, Fritz:	Die Lufttransporteinheiten (Studie zu Demjansk; im Ms. Bundesarchiv-Militärarchiv, Freiburg i. Brg.
Poliakow, Alexander:	Weiße Elefanten – Die dramatische Geschichte der russischen Panzer, New York 1943
Propagandakompanie 501:	Demjansk 1942 – 1943: Die grauen Hefte der Armee Busch (16. Armee)
Reinicke, Adolf:	Die 5. Jäger-Division 1939 – 1945 Bad Nauheim 1962
Schöder Jürgen und	
Schultz-Naumann, Joachim:	Geschichte der 32. Infanterie-Division, Bad Nauheim 1956
Schultz-Naumann, Joachim:	Der Kampf gegen die sowjetischen Fallschirmtruppen im Kessel Demjansk, (die 329. ID im Dezember 1942) In: Allgemeine Schweizerische Militärzeit-Schrift, Heft 11, 1956
ders.:	Panzersterben im Kessel von Demjansk, in: Alte Kameraden 1961, 2.
Sachs, G.:	Südlich des Ilmensee, Berlin 1943
Shilin, P.A. Hrgb.:	Die wichtigsten Operationen des Großen Vaterländischen Krieges 1941 – 1945, Frankfurt/Main 1963
Schröder, Jürgen:	Geschichte des Infanterie-Regiments 94, Bd. 1 Hamburg 1953
Tippelskirch, Kurt von:	Geschichte des Zweiten Weltkrieges, Bonn 1951
Weidt, Fritz:	Im Kampf gegen Schlamm und Knüppeldammkoller, Der Frontsoldat erzählt, Nr. 2/1952
ders.:	Pustynka, in: Der Frontsoldat erzählt, 5./1953
Wich, Rudolf:	Baden-württembergische Divisionen im 2. Weltkrieg, Karlsruhe 1957
Zydowitz, Kurt von:	Die Geschichte der 58. Infanterie-Division, Bad Nauheim 1958

DANKSAGUNG

Der besondere Dank des Autors gilt folgenden Soldaten und Offizieren, die als Mitkämpfer in der Festung Demjansk oder als Entsatzungstruppen-Angehörige dabei waren:

Dem Traditionsverband der 290. ID – Schwert-Division und seinem Geschäftsführer Hans Greve.
Der Traditionsverband stellte dem Autor sein Sammelwerk „Alte Kameraden – Traditionsverband 290. ID" zur Verfügung, mit einer Anzahl an Kampfberichten in und um Demjansk, geschrieben von Mitkämpfern.
Generalmajor a. D. Hermann-Heinrich Behrend stellte persönliche Aufzeichnungen, Befehle und Berichte aus seiner 58. Infanterie-Division zur Verfügung.
Dies gilt ebenso für Generalleutnant a. D. Harry Hoppe, mit Berichten über die 126. Infanterie-Division.
Generalfeldmarschall Erich von Manstein überließ dem Autor seinen Bericht über den Einsatz des LVI. Panzerkorps im Nordabschnitt der Ostfront.
General der Panzertruppe Otto von Knobelsdorff konnte die Vorgeschichte des Kampfes um Demjansk erhellen.

Des weiteren waren mit Unterlagen aller Art hilfreich:
Karl-Heinz Brehm, Erich Darnedde, Josef Denk, Peer-Walter Fellgiebel, Gerhard Hein, Heinz Hogrebe, Arthur Jüttner, Bruno Karczewski, Philipp Kleffel, Hans Georg Lemm, F. W. Lochmann, Hasso von Manteuffel, Friedrich Mieth, Hans Möller-Witten, Oskar Munzel, Dr. Erich Murawski, Horst Naumann, Alfred Otte, Otto Pollmann, Hans Pfiff (PK), Hermann Recknagel, Eberhard Rodt, Horst Scheibert, Theodor Scherer, Friedel Sevenich, Martin Steglich, Gottfried Tornau, Hermann Teske, Kurt von Tippelskirch, Anton Wickelmayer, Konrad Zeller, Erich Ziedrich.

Allen jenen, die ungenannt bleiben wollten, sei ebenso herzlich gedankt.

Dortmund, im Januar 2001 Franz Kurowski

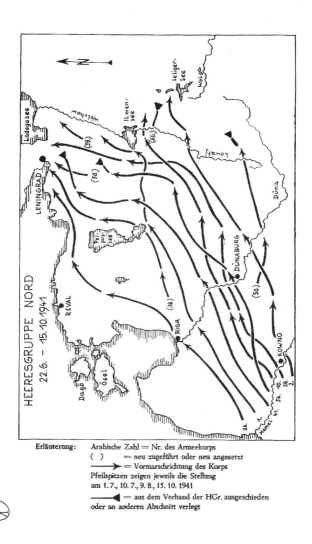

Erläuterung: Arabische Zahl = Nr. des Armeekorps
( ) = neu zugeführt oder neu angesetzt
⟶ = Vormarschrichtung des Korps
Pfeilspitzen zeigen jeweils die Stellung
am 1. 7., 10. 7., 9. 8., 15. 10. 1941
◢ = aus dem Verband der HGr. ausgeschieden
oder an anderen Abschnitt verlegt

Die Heeresgruppe Nord vom 22. 6. bis zum 15 . 10. 1941 mit dem X.
und II. Armeekorps aus dem Raume Kowno.

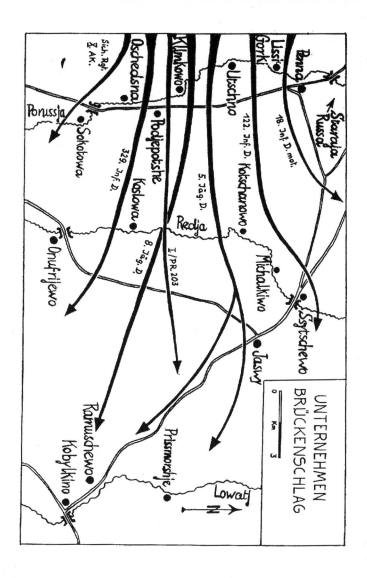

Das Unternehmen "Brückenschlag".